Para

com votos de paz.

CB015649

DIVALDO FRANCO
PELO ESPÍRITO
JOANNA DE ÂNGELIS

ALERTA

SALVADOR
7. ed. – 2019

© (1980) Centro Espírita Caminho da Redenção – Salvador – BA
7. ed. (1ª reimpressão) – 2019
800 exemplares – (milheiros: 36.800)

Revisão: Lívia Maria Costa Sousa
          Iana Vaz
Editoração eletrônica: Lívia Maria Costa Sousa
Capa: Cláudio Urpia
Coordenação editorial: Prof. Luciano de Castilho Urpia
Produção gráfica:
          LIVRARIA ESPÍRITA ALVORADA EDITORA
          Telefone: (71) 3409-8312/13 – Salvador – BA
          E-mail: <vendaexternaleal@terra.com.br>
          Homepage: www.mansaodocaminho.com.br

Dados Internacionais de Catalogação na Publicação (CIP)
(Catalogação na Fonte)
Biblioteca Joanna de Ângelis

F825	FRANCO, Divaldo Pereira. *Alerta*. 7. ed. / Pelo Espírito Joanna de Ângelis [psicografado por] Divaldo Pereira Franco. Salvador: LEAL, 2019. 200 p. ISBN: 978-85-8266-016-4 1. Espiritismo. 2. Reflexão 3. Moral I. Franco, Divaldo II. Título

CDD:133.93

Impresso no Brasil
Presita en Brazilo

SUMÁRIO

ALERTA

O imperativo da vigilância constitui método preventivo eficiente contra males inumeráveis.

Hoje, mais do que ontem, a vaga da alucinação faz soçobrar, na Terra, o código de ética sob o qual se mantinham as diretrizes do equilíbrio e da paz da criatura humana.

Cresce, a cada momento, a onda gigantesca arrastando verdadeira mole de pessoas desassisadas, arrebentando construções morais respeitáveis e atingindo muitos discípulos do Evangelho, que se deixam colher, imprevidentes.

Os fatores dissolventes, que são recebidos com entusiasmo neste período de aflições, repletam sanatórios, clínicas psiquiátricas, hospitais de várias especialidades, não se considerando o crescente número de enfermos que deambulam a esmo pelas ruas das megalópoles regurgitantes ou pelas praças dos pequenos conglomerados do interior, ou surgem nos campos lentamente despovoados.

Enfermidades de etiologia desconhecida grassam, exigindo redobrados sacrifícios de cientistas dedicados nos laboratórios de investigação e nas demoradas pesquisas que lhes absorvem as horas, na tentativa de encontrar-lhes as causas.

Certamente, esse é um estado de emergência, que se vive na Terra, aliás, anunciado pelo Senhor, quando, referindo-se aos "tempos chegados", descreveu os sinais característicos ora evidentes.

A violência urbana, a agressividade mental, moral e física, a volúpia dos prazeres exacerbados, a insatisfação dos sentidos em desgoverno, as ambições desmedidas pelo poder, as providências criminosas em favor do aborto, a escassez de pão, a indiferença afetiva são apenas alguns dos muitos males que se multiplicam no organismo enfermiço da sociedade e que tornam o homem alienado, empurrando-o para a loucura desabrida, o suicídio nefando.

Momento de alerta que concita a uma revisão de conceitos, à meditação, à programação de comportamentos novos, a fim de superar-se as circunstâncias difíceis, sobrepor-se à situação dolorosa.

O Evangelho de Jesus, entretanto, constitui terapia tanto preventiva quanto curadora, sendo a única diretriz de segurança para o homem moderno repleto de favores tecnológicos, mas esvaziado de paz interior.

Atualizando o pensamento de Jesus Cristo, o Espiritismo surge "à hora predita", auxiliando o homem com as armas da razão e dos fatos, para que ele possa enfrentar as dificuldades e asperezas a que faz jus, em razão dos descalabros e arbitrariedades do passado...

"Vigiai e orai" – proclamou o Mestre, em vigorosa advertência, concitando os discípulos à valorização das horas mediante o seu aproveitamento salutar.

Diante das contingências da atualidade, em que o homem lamenta a escassez de tempo para orar e meditar, não se pode, no entanto, isentá-lo do impositivo da vigilância.

Assim pensando, ao longo dos meses, escrevemos páginas que constituem este livro de alerta, oferecendo temas breves com respostas evangélicas e espíritas aos muitos problemas que aturdem e desconcertam as pessoas.

Sugerimos algumas reflexões para antes das decisões a que todos somos chamados a cada instante, no dia a dia do processo evolutivo.

São pensamentos simples e rápidos para os problemas de emergência e os procedimentos de difícil acerto.

Esperamos, desse modo, que os nossos eventuais leitores, antes de assumirem posições radicais ou tomarem decisões irreversíveis, parem um pouco, alerta contra o mal, leiam uma página, um conceito ao menos, e orem, marchando, depois, na direção do dever.

Todavia, se já foi assumida a responsabilidade pela ação realizada e considerando-a precipitada ou desastrosa, infeliz ou prejudicial, antes de fazerem um mecanismo neurótico, tormentoso, pedimos compulsem esta obra e reflexionem em algum capítulo, renovando-se e reunindo forças para se recuperarem, desculparem, deterem as consequências do gesto impensado, prosseguindo, de ânimo robusto, estrada à frente na marcha ascensional.

Aguardando sensibilizar alguém em aflição, facultando-lhe uma visão positiva e otimista da vida; agradecida pela oportunidade de serviço, rogamos ao Senhor de todos nós que nos abençoe e nos guarde na Sua paz.

Salvador, 1º de julho de 1981.
JOANNA DE ÂNGELIS

Alerta

Caro Leitor.

Temos neste livro valiosa contribuição para os serviços de emergência na preservação da segurança e da paz.

Aqui aprendemos equilíbrio e calma para uso próprio, ante as crises da existência no mundo.

Tanto quanto puderes, deixa que a paciência te floresça no coração, especialmente nas horas convulsionadas pelos conflitos e desvinculações, de caráter violento que as comunidades humanas atualmente atravessam.

Quase em toda parte, surpreenderás companheiros em perigo, nos quais a resistência se encontra nos últimos hausts. Aparentemente evidenciam condições físicas semelhantes às tuas, mas por dentro da própria alma se patenteiam nas orlas do desespero.

Renova-te na fé em Deus e ampara os irmãos que te compartilham o cotidiano.

Abençoa a cada um com o apoio do

entendimento e se lhe adiante.

Muitos daqueles que se te figuram fortes e tranquilos, inclinam-se no íntimo do coração para suicídio e delinquência, desequilíbrio e loucura.

Escora-te na paciência e usa a bondade e a misericórdia para com todos.

Recordando Jesus, conservemos a certeza de que só o amor possui bastante força para reerguer e asserenar, construir e reconstruir.

Emmanuel

Reunião pública no Grupo Espírita da Prece
Uberaba, 10 de Julho de 1981

(Página psicografada pelo médium Francisco Cândido Xavier)

Alerta

Caro Leitor,
Temos neste livro valiosa contribuição para os serviços de emergência na preservação da esperança e da paz.

Aqui aprendemos equilíbrio e calma para uso próprio, ante as crises da existência no mundo.

Tanto quanto puderes, deixa que a paciência te floresça no coração, especialmente nas horas convulsionadas pelos conflitos e desvinculações de caráter violento que as comunidades humanas atualmente atravessam.

Quase em toda parte, surpreenderás companheiros em perigo, nos quais a resistência se encontra nos últimos haustos. Aparentemente evidenciam condições físicas semelhantes às tuas, mas por dentro da própria alma se patenteiam nas orlas da desesperação.

Renova-te na fé em Deus e ampara aos irmãos que te compartilham o cotidiano.

Abençoa a cada um com o apoio do entendimento e segue adiante.

Muitos daqueles que te figuram fortes e tranquilos, inclinam-se no imo do coração para o suicídio e delinquência, desequilíbrio e loucura.

Escora-te na paciência, e usa a bondade e a misericórdia para com todos.

Recordando Jesus, conservemos a certeza de que só o amor possui bastante força para reerguer e asserenar, construir e reconstruir.

Emmanuel
Reunião Pública do Grupo Espírita Prece.
Uberaba, 10 de julho de 1981.

1
O PERDÃO DAS OFENSAS

O teu agressor, talvez, noutra circunstância, levantará a voz em tua defesa.

O teu adversário, possivelmente, em situação diferente, será o amigo que te distenderá a mão em socorro.

O teu caluniador, quiçá, em posição diversa, virá em teu auxílio.

O teu inimigo, certamente, passada a injunção de agora, ser-te-á devotado benfeitor.

O teu acusador, superado o transe que o amargura, far-se-á o companheiro gentil da tua jornada.

Perdoa-os, portanto, hoje, que se voltaram contra tua pessoa, levantando dificuldades no caminho pelo qual avanças.

Perdoa as suas ofensas sem impores quaisquer condições, nem sequer aclarando incompreensões e dirimindo equívocos.

O perdão deve assentar-se no esquecimento da ofensa, no repúdio total ao mal, sem exigências.

Não sabes como se encontra aquele que se ergue para ferir-te, acusar-te.

Ignoras como vive intimamente quem se fez inimigo revel.

Desconheces a trama em que tombou o companheiro, a ponto de voltar-se contra ti.

Ainda não experimentaste a dolorosa aflição que padece o outro – o que está contrário a ti e flecha-te com petardos venenosos, amargurando-te as horas...

É certo que nada justifica a atitude inimiga, a posição agressiva, a situação adversária.

No entanto, se fosses ele, talvez agisses da mesma forma ou pior.

Para evitar que isso te aconteça, exercita o perdão, preparando-te para não tombares na rampa por onde outros escorregaram...

Quem perdoa ofensas adquire paz e propicia paz.

Quem esquece o mal de que foi vítima vitaliza o bem de que necessita.

Nunca te faças inimigo de ninguém, nem aceites o desafio dos que se te fazem inimigos, sintonizando na faixa deles.

Se não conseguires superar a injunção penosa que os teus inimigos criam, ora por eles e pensa neles com paz no coração.

O inimigo é alguém que enfermou.

Recorda de Jesus que, mesmo vítima indébita, perdoando, rogou ao Pai que a todos perdoasse, porque "eles não sabiam o que estavam a fazer".

2
MORRER PARA VIVER

*"Aquele que crê em mim já passou da
morte para a Vida."*
Jesus

Aconjuntura dolorosa da morte, sombreada por aflições que transitam entre as cortinas das lágrimas contínuas, pospõe a realidade da vida, que prossegue exuberante, quando se interrompem os envoltórios materiais.

A morte desvela a vida, que se apresenta em plenitude, quando se ultrapassam as barreiras vibratórias de que o corpo constitui impedimento.

Não te deixes, portanto, dominar pelo estado de revolta em face da presença da morte.

Evita que a surpresa converta-se em dano profundo, fazendo que desmoronem as construções de esperança em torno da necessidade de continuar no rumo dos deveres, após a partida do ser querido...

A vida, na sua profundidade excelsa, se apresenta em etapas: no corpo e fora dele.

Todos sabemos que o corpo, por mais duradouro, na sua condição biológica, é sempre breve, podendo interromper o seu ciclo com ou sem aviso prévio.

Por tal razão, não te fixes em demasia nos valores transitórios da matéria.

Tem em mente que, não obstante a necessidade de realizar o ministério inteligente durante a experiência corporal, a vida, em si mesma, tem a sua gênese e o seu fanal, além da matéria mais densa.

*

A morte merece acuradas reflexões, de que não nos podemos furtar, considerando que a todas as criaturas domina no processo das transformações inevitáveis.

*

Programa as tuas atividades contando com o fenômeno inexorável da morte.

Ela te conduzirá ao retorno.

Necessário preparar-te para essa viagem libertadora.

Outrossim, considera, também, nas tuas meditações, a possibilidade da partida de quem se te faz querido, antecedendo-te no regresso ao mundo de origem.

*

Reencontrarás os que te precederam no rumo da Vida espiritual.

Em homenagem a esses afetos que viajaram antes, prossegue no culto do bem, mantendo as suas doces recordações e revivendo-as em poemas de carinho, programando a continuação do compromisso eterno.

*

Se choras, o que é natural, conforta-te com o lenitivo da certeza de que voltarás a conviver com o ser amado.

Não te deixes abalar ante a perspectiva improvável da sobrevivência.

Tudo nos fala de vida.

A glande do carvalho despedaça-se para que surja a árvore que se agigantará a pouco e pouco.

A lagarta liberta a borboleta, quando se extingue a forma.

O pólen libera a perpetuidade da espécie.

Tudo se transforma ante o milagre da morte, que é dádiva da vida.

Ante Jesus, na cruz da ignomínia, Maria e quantos O amavam choraram.

Misturavam-se a saudade e a dor, diante da consumação do adeus corporal; no entanto, logo depois, pleno de vida, Ele volveu ao convívio maternal e ao dos seus amigos, demonstrando a perenidade da vida.

Confia na ressurreição em triunfo e prepara-te para a alegria da sobrevivência.

O Apóstolo Paulo, emocionado, exclamou: "– Tragada foi a morte na vitória. Onde está, ó morte, a tua vitória? Onde está, ó morte, o teu aguilhão?"...

E o iluminado de Assis, pacificado e confiante, asseverou na sua oração simples: "– Porque é morrendo que nascemos para a vida eterna".

Teus mortos queridos estão vivos e aguardam o momento em que, terminados os teus compromissos terrenos, marcharás na direção do reencontro feliz e perene.

3
SEMPRE COM DEUS

As mentes hábeis que urdem planos perniciosos, objetivando fruir êxito em empreendimentos infelizes, por mais cuidadosos e minudentes programas, não fogem ao imprevisível, exatamente pela impossibilidade de lograrem a perfeição.

Em razão disso, o imprevisível é a presença divina, surpreendendo a infração.

Elaboradas ações com minúcias e sofisticação, no instante de serem postas em prática, não se realizam sem a ocorrência do insuspeitável que, na sua expressão surpreendente, põe por terra toda uma larga movimentação de forças.

O insuspeitável pode ser considerado como a interferência divina sempre.

Na aplicação de um projeto bem-organizado, com as suas implicações maléficas, no instante de tornar-se realidade, defronta o inesperado, que frustra todo ou parte do esforço colocado a serviço das paixões subalternas do homem.

O inesperado deve ser levado em conta como a ocorrência divina trabalhando pela ordem.

*

É certo que sucedem, vezes sem conta, aparentes êxitos em tais acontecimentos inditosos.

Quando tal ocorre, podem-se tirar proveitosos benefícios que, bem aplicados, rendem juros de progresso, de elevação, para aqueles que padecem a penosa injunção.

*

Tudo, diante das sábias Leis da Vida, obedece à superior programática, mesmo quando parece conspirações para o mal, porquanto o bom ceifeiro sempre retira, de um mal, um grande bem.

*

Ocorrem, na mesma ordem, as intervenções divinas, quando se opera pelo enobrecimento.

O plano bem estabelecido, que periga, subitamente conquista uma ajuda imprevisível, tornando-se superior investimento de êxito.

O trabalho nobre que recebeu acurada atenção e periclita, no azado instante é sustentado por insuspeitável socorro, prosseguindo em pauta de benemerência.

O desastre que se consumaria em determinada hora apoia-se em inesperada ocorrência, que impede a derrocada, salvando a situação.

*

Entrega tua vida a Deus, e n'Ele confia sem reservas.

Produze o melhor que te seja possível, permitindo-te a alegria de servir incansavelmente.

Nenhum mal que triunfe, sejam quais forem os cuidados de que se revista.

Bem algum que não se possa fazer nas situações danosas.

Quem se entrega a Deus conscientemente, em Deus move-se e age, marchando com segurança para Ele.

Na esfera das tuas aspirações superiores, quando o desânimo te ciciar descoroçoamento e abandono da tarefa, em razão das aparentes multiplicadas dificuldades, insiste, contando com o *imprevisível*, o *insuspeitável* e o *inesperado*, que virão em teu socorro.

Os que agem mal, embora não o aguardem, não se furtarão à sua intercorrência.

Continua, portanto, contando com Deus, sempre.

4
OBSESSÃO E JESUS

A ideia enfermiça, sem contornos definidos, alcança os painéis mentais sutilmente.

Aceita, desenvolve características, apresenta-se com maior riqueza de detalhes, estabelece o contato por intermédio do qual se originam as penosas fixações, tão lamentáveis quão perniciosas.

Se recusada, apaga-se em névoa diluente para repetir-se com maior intensidade até alcançar correspondente vibratório na mente receptora, que passa, a largo prazo, a submeter-se ao imperativo que termina por dominar...

A obsessão é enfermidade generalizada que grassa entre os homens, em decorrência do comércio psíquico tão infeliz quanto desesperador.

Desde que o agente obsessivo é persistente no plano negativo a que se afervora, ele muda de técnica toda vez que repudiado, mantendo rigoroso cerco em torno de quem lhe padece a influência, até dobrar a vontade resistente, caso esta não se fortaleça nos valores morais e espirituais que constituem defesa e vitalidade contra essa terrível chaga devastadora.

Mentes viciadas, com mais facilidade aceitam as sugestões morbíficas que lhes são insufladas dentro do campo em que melhor se expressam: desconfiança, ciúme, ódio, desvario sexual, dependência alcoólica ou toxicômana, gula, maledicência...

Temperamentos arredios, suspeitosos, são mais acessíveis em razão de melhor agasalharem as induções equivalentes, que se lhes associam em forma de perfeita sintonia.

Caracteres violentos, apaixonados, mais fortemente se fazem maleáveis em decorrência do Espírito rebelde que nesse corpo habita, dissimulando as chispas que lhes acendem as labaredas do incêndio interior a exteriorizar-se como fogaréus destruidores...

Personalidades ociosas são mais susceptíveis em razão da *mente vazia* sempre acolher o que lhes apraz, deixando-se conduzir pela personalidade dos seus afins desencarnados.

Desnecessário reafirmar que não apenas além da morte encontram-se os perturbadores, desde que a obsessão campeia, igualmente, entre os transeuntes do corpo, obedecendo ao mesmo processo de sintonia mental, por cultivo das mesmas paixões inferiores.

A ação do pensamento otimista e sadiamente operante; o labor fraternal de solidariedade; a preocupação edificante em favor do próximo; os serviços humílimos ou grandiosos a benefício dos outros; o interesse honesto pelo bem-estar alheio; constituem a terapia preventiva quanto curadora contra a obsessão.

A prece – o hábito de orar – gera um clima de paz; a leitura elevada cria clichês psíquicos superiores; a meditação em torno das questões enobrecedoras da vida; o diálogo edificante impedem qualquer intercâmbio perturbante; são verdadeiros antídotos que se fazem à obsessão por constituírem meios de elevação vibratória na qual não vigem as interferências maléficas, as parasitoses e as vampirizações prejudiciais, que somente têm curso em faixas mentais semelhantes.

Ademais, o exercício de tais métodos libera qualquer tombado nas malhas apertadas da alienação obsessiva de perniciosos efeitos na Terra...

Na condição de Terapeuta divino, prescreveu Jesus contra os flagelos da obsessão: "Fazer ao próximo somente o que desejar que este lhe faça"; porquanto, assim procedendo, o amor que nos dedicamos a nós mesmos automaticamente dilatar-se-á em relação ao nosso próximo, desfazendo as matrizes do mal que ainda se demoram fixadas em muitos dos seres que pululam em torno da Terra; auxiliando-os, ao mesmo tempo, a despertarem para o bem e para a felicidade.

5
CONCEITO DE IRMÃO

Um questionamento de profundidade faz-se necessário em torno do conceito de irmão, conforme o enunciou Jesus.

Se despirmos das excentricidades, como dos mecanismos de evasão com que, não raro, a palavra é colocada, será possível uma identificação melhor, mais válida, a respeito do profundo sentido de que se reveste.

Partindo-se do princípio de que Deus é Pai de todos nós, o irmão é alguém inevitavelmente vinculado a cada um, a todos nós.

Aquele que se nos faz adversário, não obstante a posição que assume, transitoriamente, é nosso irmão.

Quem se reveste de infeliz atitude de perseguidor, apesar da colocação que esposa, mesmo que o esqueça, é nosso irmão.

Poder-se-á renovar a paisagem humana, mediante a adoção do suporte fraternal, sendo e defrontando sempre, e antes de tudo, o seu irmão.

*

O nubente, antes de ver o parceiro na condição de afetividade conjugal, tê-lo-á como irmão, mantendo um vínculo inquebrantável, e, mesmo que se rompa aquele de caráter matrimonial, deverá manter-se o primeiro.

O patrão encontrará no auxiliar, antes que o empregado, o irmão situado na posição de servidor que também ele é; e este último receberá no chefe o irmão, lutando ambos para que prevaleça o sentimento fraternal, e embora no relacionamento entre empregador e empregado deteriorem-se as conjunturas, um não prejudicará o outro, em razão da irreversível fraternidade.

O irmão deve amar o seu irmão em qualquer circunstância, em todo momento.

*

Este que te magoa e aquele que te punge são teus irmãos.

Alguém que triunfa e outrem que tomba, teus irmãos na luta, são lições que te convidam a avançar e a servir.

Ama sempre e sem excogitares de situações, nas múltiplas áreas dos humanos interesses, sobrepondo a todos o afeto de irmão em relação ao teu próximo.

Não obstante as posições evolutivas que separavam os discípulos, Jesus não amou menos a Judas ou a Pedro, que por um momento se equivocaram durante o ministério.

Diante da mulher surpreendida em adultério ou de Zaqueu no alto da árvore, de Pilatos vacilante ou de Herodes prepotente, a todos amou como irmãos, apesar de sabê-los em processos diferentes de evolução, amando-os docemente até hoje, sem queixumes nem reprimendas, seus irmãos da retaguarda, por quem espera, paciente e amoroso, na condição de Irmão maior.

6
ALMAS-PROBLEMA

A pessoa-problema que renteia contigo, no processo evolutivo, não te é desconhecida...

O filhinho-dificuldade que te exige doação integral não se encontra ao teu lado por primeira vez...

O ancião-renitente que te parece um pesadelo contínuo, exaurindo-te as forças, não é encontro fortuito na tua marcha...

O familiar de qualquer vinculação, que te constitui provação, não é resultado do acaso que te leva a desfrutar da convivência dolorosa.

Todos eles provêm do teu passado espiritual.

Eles caíram sim, e ainda se ressentem do tombo moral, estando hoje a resgatar injunção penosa. Mas tu também.

Quando alguém cai, sempre há fatores preponderantes e outros predisponentes que induzem e levam ao abismo.

Naturalmente oculto, o causador do infortúnio permanece desconhecido do mundo. Não, porém, da consciência nem das Soberanas Leis.

Renascem em circunstâncias e tempos diferentes, todavia, volvem a encontrar-se, seja na consanguinidade por meio da parentela corporal, ou mediante a espiritual, na grande família humana, tornando ao caminho das reparações e compensações indispensáveis.

Não te rebeles contra o impositivo da dor, seja como se te apresente.

Aqui, é o companheiro que se transforma em áspero adversário; ali, é o filhinho rebelde, ora portador de enfermidade desgastante; acolá, é o familiar vitimado pela arteriosclerose tormentosa; mais adiante, é alguém dominado pela loucura; e que chegam à economia da tua vida depauperando os teus cofres de recursos múltiplos.

Surgem momentos em que desejas que eles partam da Terra a fim de que repouses...

Horas soam em que um sentimento de surda animosidade contra eles cicia-te o anelo de ver-te libertado.

Ledo engano!

Só há liberdade real quando se resgata o débito.

Distância física não constitui impedimento psíquico.

Ausência material não expressa impossibilidade de intercâmbio.

O Espírito é a vida, e, enquanto o amor não lene as dores e não lima as arestas das dificuldades, o problema prossegue inalterado.

Arrima-te ao amor e sofre com paciência.

Suporta a alma-problema que se junge a ti e não depereças nos ideais de amparar e prosseguir.

Ama, socorrendo.

Dia nascerá, luminoso, em que, superadas as sombras que impedem a clara visão da vida, compreenderás a grandeza do teu gesto e a felicidade da tua afeição a todos.

O problema toma a dimensão que lhe proporcionas.

Mas o amor, que "cobre a multidão dos pecados", voltado para o bem, resolve todos os problemas e dificuldades, faz com que vibre, duradoura, a paz por que te afadigas.

7
TÉCNICAS DA VIDA

A vida são dádivas de amor onde e como quer que se expresse. Hálito divino, constitui bênção da forma como se manifeste.

Alegrias e tristezas, felicidade e desdita, saúde e doença, poder e pobreza, são experiências pelas quais transita o Espírito no seu processo evolutivo.

Legatário dos próprios atos, renasce para crescer, recapitulando labores malsucedidos, aprendendo lições novas, superando-se.

Erro e acerto, insucesso e triunfo constituem técnicas para a fixação da aprendizagem que o liberta das paixões, acrisolando os valores reais do bem.

A vida atua em forma circular.

Tudo quanto se transforma em pensamento e ação se dilata e volve ao ponto de partida.

Qualquer emissão vibratória segue a linha por onde se projeta e retorna ao fulcro gerador da força que a impulsiona.

Se pensas bem, isto te faz bem.

Se pensas mal, eis que estás mal.

Imperioso corrigires a tua posição mental, a fim de educares os teus impulsos.

Mente e ação constituem causa e efeito que se inter-relacionam.

*

Foste malsucedido num tentame. Esquece e recomeça-o, otimista.

Atravessaste períodos difíceis, que te marcaram profundamente. Olvida e prossegue.

Sofreste enfermidades pertinazes. Liberta-te da lembrança e vive.

Provaste o fel da ingratidão várias vezes. Desculpa e avança.

Perdeste bens e valores queridos. Recomeça e produze.

Sempre há oportunidade nova, quando se deseja vencer.

O guichê das reclamações está sempre repleto de pessoas atormentadas, enquanto que o da gratidão jaz vazio.

*

Há muito para bendizer e louvar.

Certamente sofreste, todavia, isto é o passado.

Nesse pretérito, mil vezes houve em que sorriste, sonhaste, produziste, amaste e recebeste amor...

Por que recordar somente o lado menos bom, aquele que te descontentou?

Por que a eleição da amargura em detrimento dos júbilos?

Ninguém, no mundo, que passe incólume às experiências alegres como às tristes.

*

Pudessem os metais negar-se à fornalha e a mínimas utilidades, reduzir-se-iam as necessidades humanas.

Recusasse-se a bomba cardíaca à ação intérmina, e de breve duração se faria a vida animal e humana.

Dor é bênção que impulsiona o progresso.

Saúde é estímulo para o progresso.

Uma e outra constituem, no entanto, técnicas de que a vida utiliza-se para a promoção de todas as criaturas.

Assim, liberta-te da amargura, da queixa e do pessimismo, recordando as horas boas e revivendo-as, de modo a te sentires emulado a prosseguir, em vez de deter-te na tristeza e, desanimado, parares.

8
TUA COOPERAÇÃO

O teu próximo necessita de tudo quanto a ti é valioso na vida.

Concede-lhe o tesouro da tua cooperação, irradiando, na sua direção, pensamentos de bondade e de simpatia.

Ninguém vive sem o milagre da cooperação. Mesmo que o não percebas, tudo e todos cooperam para que vivas e cresças no rumo da meta para a qual renasceste.

O teu próximo, igualmente, não prescinde dos teus pensamentos positivos nem da tua cordialidade.

É certo que há pessoas portadoras de expressões que as tornam antipáticas à tua convivência. Não obstante, é necessário envolvê-las nas tuas vibrações de ternura.

Da mesma forma, não te enganes. Exteriorizas, sem que o percebas, manifestações psíquicas que te fazem animoso e antipático a outras pessoas.

Gostarias que o teu próximo dissimulasse as dificuldades e limitações que possuis, oferecendo-te receptividade agradável e cordial.

Age da mesma forma, em relação aos que te parecem desagradáveis.

Coopera com Deus na edificação do bem irrepreensível, não te escusando à lavoura da gentileza nem ao contributo da tua amizade.

Ninguém sobrevive sem o auxílio da afeição de outrem, assim como vida alguma se desenvolve sem o ar de que se nutre, salvadas, apenas, as bactérias anaeróbias de existência breve.

Um tijolo cooperando com outro levanta a construção.

Um grão se une a outro no silêncio do solo, e eis nascente a seara luxuriante.

Uma molécula se agrega a outra, e a galáxia se espraia pelo infinito.

*

Doa a tua cooperação por menor que te pareça.

Ao fazê-lo, evita o impositivo da tua paixão, a exigência da tua forma de ser, pois isto representa uma cobrança do que supões ofertar.

Quando alguém oferece algo a outrem, a si próprio enriquece.

O pólen, arrastado pelo vento, é responsável pela fecundação, sem qualquer imposição de sua parte.

A chuva tomba, generosa e espontânea, sustentando a vida e reverdecendo o solo.

Não te imponhas nunca.

Jesus, cooperando com o homem, não obstante a voz imperativa que lhe caracteriza toda a mensagem, foi claro ao dizer: "Aquele que quiser vir após mim, tome a sua cruz e siga-me", mediante a condicional da vontade de cada um.

No entanto, é o sublime construtor da Terra e de tudo que nela existe.

Coopera, portanto, com a vida, esparzindo bênçãos onde estejas, com quem te encontres, conforme surja a oportunidade.

Retribui com amor ao amor que a vida te oferta...

9
PALAVRA E JESUS

A palavra, colocada a serviço da saúde, exerce inimaginável função terapêutica, oferecendo larga pauta de benefícios.

A utilização do verbo de forma positiva faculta o otimismo, criando uma psicosfera renovadora de que se nutre o ser.

Em face do fenômeno da sintonia, o conceito edificante produz empatia e atrai fatores benéficos, inclusive a presença das Entidades felizes, que se sentem motivadas a um intercâmbio edificante, mediante o qual se enriquecem os clichês mentais com paisagens novas e a organização fisiopsíquica com estímulos benéficos.

A palavra é um instrumento da vida para vestir as ideias e exteriorizá-las com clareza.

Aplicada de forma edificante, levanta o mundo, sustenta o pensamento e enriquece a vida com belezas.

Falando, Jesus estruturou, nas mentes e nos corações, os ideais da vida eterna, de que os fatos e os exemplos por Ele vividos constituíram corolário dos incomparáveis ensinos.

Modulando a palavra de que se fazia portador, impregnou os ouvintes, que jamais foram os mesmos...

Ouvindo-o, ninguém lograva esquecê-lO.

Dialogando com Ele, alicerçavam-se os ideais de enobrecimento humano, que mudaram o curso da História.

Ensinando na cátedra viva da natureza, projetou luz inapagável que passou a clarear os discípulos por todo o sempre.

Sempre usou a palavra para a construção imperecível da felicidade humana.

Com energia ou doçura, em suave tranquilidade ou grave admoestação, o Seu verbo sempre esteve colocado a serviço do bem e da paz.

Maria de Magdala, atenazada por obsessores cruéis, libertou-se do aturdimento a que fora atirada sob o magnetismo salutar do Seu verbo, desobsidiando-se.

Simão Pedro, periodicamente influenciado por mentes perniciosas da Erraticidade inferior, encontrou, na Sua palavra, terapia da libertação, a ponto de poder oferecer-se integralmente ao ministério da doutrina que dele fez o grande mártir do Evangelho.

O gadareno, visivelmente possesso, saiu das sombras da alienação e volveu à claridade da razão ante a Sua voz.

Lázaro retornou do profundo transe da catalepsia, atendendo-Lhe ao chamado enérgico.

Perturbador desencarnado, contumaz na ação infeliz, silenciou, em plena Sinagoga, onde desejava gerar tumulto, repreendido pela sua palavra severa.

(...) E falando, no monte, Jesus compôs o soberano código do amor, jamais igualado, que nunca será superado.

Utiliza-te da palavra a fim de inspirares imagens felizes.

O que digas, como digas, gerará clichês mentais e incidirá em ondas-pensamento, produzindo resultados conforme a intensidade emocional com que vistas a expressão verbal, favorecendo ou infelicitando aquele a quem a diriges, a ti mesmo responsabilizando.

Faze da palavra um veículo da esperança, da paz, da saúde e do bem.

Há demasiado verbo aplicado com o ácido da crítica, com o azedume da inveja e do pessimismo, com a labareda do ódio, produzindo o mal.

Seja a tua palavra de vida, de vida abundante.

10
GÊNESES DE SUICÍDIOS

A tristeza que agasalhas, levando-te à mortificação interior de que não te consegues libertar, é fator destrutivo nos alicerces da tua personalidade.

A mágoa, que conservas como ácido que te corrói os tecidos dos sentimentos, constitui morbo que em breve terminará por vencer as tuas resistências.

A rebeldia sistemática, a que te agrilhoas, transformará as tuas aspirações duramente acalentadas em resíduos de infelicidade e tormento infindável.

Defrontas os problemas que se manifestam no teu dia a dia entre a irritação e o desespero, estabelecendo matrizes de aflições que te conduzirão ao autoaniquilamento.

Suicida não é somente aquele que, acionado pelo desconcerto da emotividade, arroja-se no despenhadeiro da autodestruição física.

Essa melancolia que te busca os painéis da mente, tecendo as malhas da depressão, é sinal de alarme que não podes desconsiderar.

Essa aflição que se agiganta, dominando-te o equipamento nervoso, convida-te a uma mudança de atitude, que não deves postergar.

Isso que te consome, desaparecendo e ressurgindo em roupagens de configuração nova, é desafio que deves enfrentar com estoicismo para saíres da desarmonia.

Mil pequenas injunções contra a tua saúde emocional e mental, deves rechaçar, antes que sejas colhido pelo infortúnio da desencarnação injustificável e precipitada.

✳

Sejam quais forem os fatores afligentes ou depressivos que te cheguem, invitando-te ao cultivo do pessimismo ou da irritabilidade, não devem encontrar guarida nos teus painéis mentais.

Dor e saudade aferem a força do valor moral de cada um de nós.

Enfermidade e desencarnação constituem fenômeno natural no processo biológico em que te encontras situado.

Problemas e dificuldades representam provas com que crescemos na direção da vida.

Desse modo, realiza a assepsia mental pela preservação do otimismo e da irrestrita confiança em Deus.

✳

Quando a vida te parecer sem objetivo e estiveres a ponto de cair, renova os teus conceitos e ora, buscando a divina inspiração, haurindo, então, a força que te propiciará sair do ocaso emocional e transformará os teus problemas em ação de benemerência para os teus irmãos, descobrindo, por fim, que a linguagem universal do bem é a terapia preventiva e curadora para o suicídio e a loucura.

11
PACIÊNCIA E CARIDADE

Aturdem-te os comentários malsãos que são entretecidos contra a tua pessoa, ferindo-te as mais caras aspirações.

Sofres o aguilhão das dificuldades e malícias que são postas no teu caminho, atingindo as carnes da tua alma.

Padeces a incompreensão gratuita de pessoas bem-formadas, que se deixam anestesiar pelos vapores da antipatia e voltam a sua animosidade contra ti, não descansando na faina de sensibilizar-te.

Experimentas angústia quando te informas dos problemas inconsequentes que são criados, envolvendo teu nome e tua ação em rudes colocações ou informes pejorativos.

Gostarias talvez de caminhar sem tropeço, desconhecendo impedimentos. Todavia, não te olvides que te encontras na Terra, e este é o campo ao qual foste chamado para o serviço.

Além de auxiliar-te a desenvolver a paciência e exercitar-te a humildade correta, propicia-te o desapego aos transitórios conceitos do mundo.

Nem mesmo Jesus, impoluto e incorruptível, experimentou uma trajetória de exceção, padecendo azorragues de todo tipo e qualidade a fim de ensinar-nos coragem e valor.

Diante das dores que te chegam oriundas das mais variadas gêneses, vive a caridade da paciência.

Caridade para com aqueles que te não compreendem e paciência ante a prova.

Desprezado e estigmatizado pela intolerância e insistência dos que preferem perseguir a servir, adestra-te na caridade da paciência.

Caridade difícil é desculpar o ofensor e tê-lo em conta de enfermo, necessitado da tua amizade e consideração. Ao mesmo tempo é caminho iluminativo para tuas aspirações, através da paciência com perseverança no dever.

São caridade a doação de amor, a transferência de recursos e moedas para amenizar provações e dores, os socorros fraternos da sopa e do pão; todavia, a paciência aos que se obstinam em dificultar-nos a marcha do bem, buscando o Pai, constitui a excelente caridade moral de que todos necessitamos; desde que, ontem por certo, tenhamos delinquido, aprendendo agora a reparar; ou estejamos a equivocar-nos, necessitando, por nossa vez, da doação da benevolência do nosso próximo.

A caridade da paciência é das mais expressivas virtudes que o cristão autêntico deve cultivar.

Jesus, esperando-nos e amando-nos sem cansaço, até hoje, oferece-nos o exemplo sublime e sem retoques da caridade pela paciência.

12
DESAFIO À CARIDADE

Sempre que o tema da caridade seja trazido a considerações, recorda que ela é a luz da razão mantida pelo combustível do sentimento, a projetar claridade pelo caminho das sombras de quem avança em sofrimento ou limitação.

A caridade resulta da irradiação do amor que jamais se exaure.

Estrutura-se no esforço pessoal e robustece-se no sacrifício de quem a cultiva, sem o quê, não passa de filantropia ou emoção de transitório prazer.

Mais se engrandece a caridade quanto mais difícil apresenta-se a circunstância por praticá-la.

Por isso, tem uma elasticidade imensa o seu exercício.

Transcendendo às doações materiais – que são, igualmente, suas manifestações respeitáveis –, sublima-se, santificando quem se propõe vivê-la na área dos contributos morais.

Não são poucos os desafios à caridade.

O delinquente, pela ação infeliz de que se tornou responsável, inspira animosidade; amá-lo, na condição de um enfermo necessitado de recuperação, é caridade.

O rebelde provoca reação equivalente de agressividade; auxiliá-lo com paciência, até conquistá-lo para o equilíbrio, constitui relevante caridade.

Aquele com quem te sentes enfadado ou que te provocou antipatia representa um teste para as tuas realizações espirituais; superar a condição negativa e trazê-lo à província do teu coração é significativa caridade.

O ingrato, naturalmente inspira desprezo, senão indiferença; prosseguir ajudando-o, conquanto as dificuldades no relacionamento, representa elevada caridade.

Quem te ofendeu por qualquer razão, legítima ou injusta – como se razão houvesse para que alguém a outrem ofendesse –, provoca um natural retraimento; insistir na ação cordial com esquecimento do mal constitui verdadeira caridade.

Caridade para com todos, mediante uma revolução íntima de superação pessoal.

Sempre a caridade como diretriz.

Nunca é demasiada a sua presença; ninguém que a dispense.

Sem a caridade do Pai Criador para conosco, prosseguiríamos no primitivismo ou rentearíamos ainda à barbárie.

A caridade, porém, alimenta a vida e impele para a paz.

Não olvide que a caridade é o amor que se expande e o amor que retorna em força harmonizadora.

Coroando todo o ministério de amor com a estrela de primeira grandeza entre as virtudes, a caridade moral do Cristo, na cruz, expressou-se no perdão a todas as faltas perpetradas contra Ele e corporificou-se no Seu retorno paciente ao convívio com os companheiros enfraquecidos no esplendente amanhecer da Sua perene ressurreição.

13
APRIMORAMENTO ÍNTIMO

Muito justo, e mesmo recomendável, que se recorra à cooperação fraternal do próximo quando o sofrimento e a dificuldade nos visitem as paisagens íntimas.

O auxílio desinteressado que recebemos é bênção inestimável de que se constitui a vida nas relações humanas.

No mundo, tudo são intercâmbios, permutas que se consubstanciam em força e resistência para colimarem os objetivos a que se destinam.

Não obstante, há tarefas que compete a cada um realizar, integrados no processo evolutivo como nos encontramos.

Igualmente, não é lícito transferirem-se deveres e responsabilidades pessoais, que fazem parte do esquema de iluminação que devemos conseguir, mesmo sob as penosas cargas de aflição e renúncia.

Dentre os desafios que a vida nos oferece, o que diz respeito ao aprimoramento íntimo ganha prioridade.

Aprendizes da vida, somos defrontados pelas lições necessárias, que nos propiciam o conhecimento e a libertação das peias da ignorância, geradora de mil males, e do egoísmo, que é um câncer de alto poder destrutivo.

Ninguém te acompanhará nesse afã de renovação e aprimoramento íntimo.

Poucos perceberão a luta que travas no campo ignoto dessa batalha importante.

Alguns criarão dificuldades para o teu cometimento, talvez te franqueando recursos e meios para a fuga ou a queda.

Tentarás e repetirás o esforço não poucas vezes, receando o fracasso ou crendo não alcançar a meta.

Prossegue, porém, trabalhando o caráter e o sentimento.

Não te deixes turbar pelas vanglórias, nem te anestesies pelos vapores da violência que infelicita multidões.

Dulcifica-te e não revides ao mal, não resistas ao mal com o mal, não te negues à bondade, à beneficência, à esperança nem à humildade.

Essas virtudes a cultivar serão as tuas resistências e, quando os testemunhos parecerem-te a noite mais densa e temerosa, elas brilharão no teu céu em sombras, apontando-te o rumo...

*

Por conhecer a destinação que nos aguarda no futuro, Jesus nos veio convocar, pelo exemplo e pela palavra, ao aprimoramento íntimo e a vitória sobre qualquer expressão do mal através da ação correta do bem.

14
COMPROMISSO FRATERNAL

Nunca te esqueças, nos teus empreendimentos espirituais, dos companheiros desencarnados, na retaguarda do processo da evolução, ainda mergulhados na dor sem nome ou no desespero sem consolo.

Talvez não os ouças nem os veja, ou nem sequer os sintas.

Eles, porém, convivem na mesma psicosfera, ou melhor, encontras-te mergulhado no mesmo clima psíquico no qual se movimentam, já que eles não se liberaram das conjunturas carnais quando lhes ocorreu a morte dos despojos físicos.

Intercambiam com os homens muitas vezes, sem que estes tenham consciência, experimentando as suas emoções e ansiedades, as suas paixões e problemas; ansiosos uns, por se comunicarem; outros, por fazerem-se compreendidos; diversos, por lograrem desforços infelizes; inúmeros, por volverem à reencarnação...

Nesse complexo emitir-absorver de vibrações, terminam por influenciar o comportamento das criaturas, gerando dependências; muitas vezes, passando a depender também.

Inclui-os nas tuas orações, pensando neles, cooperando com eles.

Quando menos esperares, romper-se-ão as amarras carnais e aportarás à vida no Plano espiritual.

Irás adensar a população em que eles ora se encontram.

Quiçá, na oportunidade, já hajam retornado muitos destes irmãos desconhecidos à carne.

Será, então, a tua vez de te acercares deles. Compreenderás o que agora sentem, o que gostariam de conseguir, caso pudessem comunicar-se mais ostensivamente contigo.

Faze por eles hoje o que gostarás que façam a teu benefício amanhã.

Ama-os, envolvendo-os em vibrações de ternura e bondade.

(...) E cuida de iluminar-te interiormente, pelo estudo e pela ação do bem, evitando futuras aflições desnecessárias.

*

Sempre estarás na vida.

Mergulhado na matéria densa ou fora dela, torna-te instrumento de fraternidade para com todos, perseverando nos bons propósitos, mantendo este compromisso fraternal mesmo sob o alto preço da renúncia e da abnegação.

Outro não tem sido, há milênios, o permanente comportamento de Jesus em relação a todos nós.

15
CRISTO E CÉSAR

As injunções dos relacionamentos humanos operam contínuas transformações nas paisagens íntimas das criaturas, nem sempre saudáveis.

As constituições de ordem socioeconômicas produzem estados emocionais variados, raramente salutares.

As comunicações massificadoras revolvem os clichês mentais e fixam painéis, dificilmente edificantes.

O aturdimento humano, na atualidade, é inegável.

O predomínio dos títulos de César faz-se inexorável, conspirando contra a positiva alternativa dos valores apresentados por Cristo a respeito de Deus.

Desertam companheiros das lides edificantes a cada momento, permutando a simplicidade que dá paz pelos atavios que embaraçam.

Emocionalmente, a princípio, para depois fisicamente completar a distância, medra o desinteresse pela fé renovadora em muitos discípulos honestos e bem-intencionados da Doutrina Espírita, *vencidos* pelos vapores tóxicos da psicosfera negativa nos quais se veem obrigados a movimentar-se, na azáfama do dia a dia.

Lamentando o tempo, que passa rápido, diversos aprendizes do Evangelho transferem-se para o campo das sensações e emoções mais fortes, perecendo extenuados pelo desequilíbrio e arrojando-se nos cipoais das ásperas aflições futuras.

Ação praticada, retorno difícil à posição antiga.

*

É urgente que faças uma revisão de conceitos e, quiçá, de atitudes.

Não te fascines pela ilusão nem te atormentes sem necessidade.

Recupera-te, restaurando a tua paz.

Do que vale conquistar o mundo e perder-se?

Cristo e César prosseguem em litígio no foro íntimo de cada ser.

Já conheces o resultado das induções e situações do mundo com César.

Não desperdices a oportunidade de viver o estágio espiritual com Jesus, desde hoje.

16
INVESTIMENTO NOBRE

Aplicas dinheiro na bolsa de valores, em mercado de capitais, em ações, atormentando-te com resultados sempre incertos, variáveis...

Investes em títulos e moedas estrangeiras, em seguros de variada modalidade, pensando nas "surpresas" da sorte...

Acumulas cédulas, compras metais e pedras preciosas, resguardando-te em posição previdente...

Adquires imóveis e semoventes, contabilizas poupanças, capitalizas juros ante a inflação assustadora que comanda os recursos financeiros na atualidade...[1]

Pensas e selecionas os meios, ouvindo banqueiros e expertos nos assuntos econômicos acerca de quais aplicações são as mais rentáveis do mercado no momento...

Discutes com emoção, apaixonadamente, a respeito da situação e armazenas recursos, acautelando-te...

Todavia, por maior prudência e por mais cuidadosa previdência, os rumos do futuro são imprevisíveis.

As bolsas de ações, os mercados de capitais, os títulos e moedas, os imóveis e os animais, as joias e os seguros não oferecem paz a ninguém...

Sofrem abalos, mudam de câmbios e preços, perdem-se, desmoronam...

---

[1] Em 1981(nota da Editora).

Muitos investidores, tomados de pânico nos jogos e oscilações de preços, enlouquecem, suicidam-se, matam.

*

E mesmo que tudo transcorra em ritmo de êxitos, com resultados felizes para ti e os bens de que te fazes mordomo temporário, a morte chega e tudo fica, mudando de mãos.

*

Investe no amor.

Transforma moedas em pães, títulos financeiros em educação, juros em medicamentos, capitais em amparo às vidas que desfalecem, ou que se agitam sob os açoites da violência e da agressividade.

Aplica hoje os tesouros que não poderás usar amanhã, removendo a miséria do teu caminho.

Constrói dignidade naqueles que se fazem vítimas da criminalidade e do vício.

Usa os teus recursos na recuperação das criaturas e terás tesouros indesgastáveis, que se multiplicarão no suceder do tempo.

Cada vida que ampares desdobrará bênçãos pelos caminhos do futuro.

Nunca te esqueças das criaturas humanas nos teus tormentosos programas de investimento.

*

Bom investidor é todo aquele que, logrando saldo positivo no campo terrestre, semeia e aplica nas almas, pensando no inefável Amor de Deus, de que Jesus fez-se o exemplo perfeito.

17
TAREFA LIBERTADORA

Atém-te com dedicação à tarefa que desempenhas. São nobres todos os cometimentos que conformam objetivos superiores por meios dignos.

Não importa se exigem maior esforço físico ou mental, ou se lidam nas faixas menos favorecidas da cultura ou do destaque social.

O trabalho dignifica aquele que o executa, ensejando-lhe crescimento.

O homem é a posição mental em que se situa, expressando-se conforme a emoção que o anima.

*

Tomas conhecimento dos médiuns famosos que fulguram nos relatórios das minuciosas investigações de cientistas respeitáveis, e gostarias de ter sido um deles.

Sabes de notáveis paranormais que demonstraram, à saciedade, a iludível sobrevivência da vida aos despojos cadavéricos, e anelarias possuir-lhes os registros psíquicos.

Comovem-te os relatos que envolvem os sensitivos da mais variada gama que foram testados reiteradas vezes em memoráveis sessões e laboratórios, e desejarias ser como eles.

Não te equivoques, porém.

Cada criatura está colocada pelo Pai no lugar certo, à hora própria, com um programa importante a atender.

O aplauso, a consideração à pujança das forças paranormais do homem são testes à resistência moral dele, nos quais muitos fracassam.

Embora hoje sejam recordados com respeito, muitos daqueles abnegados instrumentos das mensagens espirituais sofreram incompreensões e diatribes, acusações e imputações injustas.

Outros tombaram em armadilhas cruéis, preparadas por terceiros ou engendradas pela própria incúria.

Inumeráveis, que hoje são conhecidos e destacados não são menos sofridos, carregando cruzes invisíveis nas quais dilaceram a alma, com os olhos postos no futuro libertador.

Não é tão fácil o triunfo no mundo.

A madrugada é mais luminosa após vencidas as sombras.

Enquanto há caminho a percorrer, não te desalentes nem titubeies.

Realiza o teu compromisso, por menos significante que pareça, na certeza de que ele será base para as grandes realizações do futuro...

E onde quer que estejas colocado em nome do amor, recorda Jesus, o Médium de Deus, que não desdenhou jamais os pequenos compromissos com a carpintaria de José, a fim de culminar nos braços da cruz, em atitude de quem nos aguarda para conduzir-nos nas asas sublimes da ressurreição.

18
HÁBITO DA
SOLIDARIEDADE

Por mais te encontres cansado, não te eximas de ser solidário com alguém.

Talvez o problema do outro, aquele que te procura, seja menor do que o teu.

Para ele, no entanto, porque se afigura muito grave, assim se faz.

As tuas experiências de fé dão-te real dimensão de inúmeras ocorrências, e por isso podes ajudar com menos desgaste de forças e emoções.

Quem percorre um trecho da estrada tem condições de apresentar notícias daquele caminho.

Experiência é rota que cada qual deverá vencer, mesmo que a grande esforço.

A solidariedade, por isso mesmo, é pão de empréstimo de que sempre o doador necessitará.

Ninguém a pode prescindir, por mais que se pretenda isolar do convívio com o seu próximo.

Na vida de todas as criaturas, um momento surge em que a solidariedade faz-se imperiosa como socorro salvador.

✳

Fazer ou deixar de fazer o bem é efeito natural da fé que se mantém, definindo-lhe a qualidade, cuja ação transforma-se em hábito, que se incorpora à natureza, à personalidade de cada um.

Quem se não acostuma a doar, nunca dispõe de oportunidade para auxiliar, encontrando motivos injustificáveis para recusar-se.

Aquele que se aclimata ao trabalho solidário, sempre dispõe de tempo e recursos para fazê-lo.

Os desocupados e indiferentes estão sempre muito cheios de horas vazias para tentar preencher algum espaço, por isso não dispõem de tempo para nada.

Vivem extenuados pela inutilidade e pessimismo.

Apuras a tua percepção e verificarás que os lamentos demasiados nem sempre decorrem da enfermidade ou do problema que se tem, mas da necessidade de chamar a atenção, requerendo apoio e amizade.

Há muita carência no mundo, sendo, entretanto, a mais grave e urgente, a de afeto, de interesse humano...

A questão assume tão grave proporção que, não raro, quando alguém se preocupa com outrem e dá-lhe assistência, os sentimentos de um ou de ambos perturbam-se, dando origem aos desvios da fraternidade, tombando-se em delíquios morais, que mais agravam as circunstâncias e as dificuldades.

Mantém o hábito da solidariedade sem exigência ou solicitação alguma.

Ajuda, portanto, sem vinculação servil, a fim de permaneceres livre no amor e na ação solidária, crescendo para Deus ao lado do teu próximo necessitado; necessitados, que somos quase todos, da divina solidariedade.

19
POSIÇÃO CORRETA

Ante os irmãos portadores de deficiências físicas, procura manter uma posição mental e social correta. Nem a compaixão injustificável nem a indiferença fria para com eles.

O teu irmão limitado aguarda de ti uma oportunidade digna, a fim de exercer a tarefa e cumprir a finalidade para as quais se encontra na Terra.

Da mesma forma como ocorre contigo, é alguém que se recupera de lamentáveis equívocos passados.

As marcas e limitações que nele percebes não constituem maldição nem significam motivo de abandono.

Também tu possuis deficiências e limites, quiçá, mais graves, com a diferença única de que os teus são ocultos e os demais os ignoram.

Anteriormente, em inúmeras civilizações e culturas, o deficiente físico, ao nascer, era arrojado à morte, impiedosamente.

O homem peregrinava, então, do instinto para a razão, sem se haver beneficiado com as dádivas do amor.

Com Jesus, a bênção da solidariedade transformou-se em dever de todas as criaturas umas para com as outras.

O deficiente físico é psiquicamente normal, gente, conforme a linguagem usual, com sentimentos e raciocínios que o fazem ver o mundo, porém, através da ótica de como seja recebido e tratado.

✳

Se lhe concedes o ensejo de realizar e realizar-se, ele verá o mundo humano e digno, dignificando-se na luta e crescendo em júbilo com entusiasmo.

Se lhe cerceias o passo, negando-lhe ensejo, por preconceito ou inferioridade de tua parte, oferecer-lhe-ás a visão incorreta da Terra, deixando-o amargurar-se, cair em depressão, alienar-se...

Excelentes trabalhadores revelam-se os que sofrem deficiências físicas...

Aprimoram valores, desenvolvem outras aptidões e firmam-se com dedicação nas realizações a que se entregam.

Seja qual for a limitação física do teu próximo, ele se encontra na Terra, qual ocorre contigo próprio, com o objetivo superior de crescer, redimindo-se do ontem e planificando o amanhã.

Honra-o com a concessão do momento, a fim de que possa demonstrar o valor de que é dotado.

Caso estivesses com alguma problemática dessa natureza, anelarias por oportunidade de trabalho com a qual te realizarias.

Não o habitues à esmola humilhante de que ele não necessita.

Coopera para educá-lo, facultar-lhe uma profissão e contribuir para que ele a exerça nobremente.

Nem todos os deficientes físicos encontram-se em punição...

Steinmetz, limitado por tormentosa deformidade, fez-se mestre em pesquisas elétricas, deixando patentes de mais de duzentas invenções...

Milton, cego e trôpego, ofereceu à humanidade o excelente *Paraíso perdido*, considerado um dos mais belos poemas de língua inglesa.

Beethoven, surdo, melhor pôde compor, legando à posteridade a grandiosa *Nona Sinfonia*, que é considerada a mais perfeita e bela, superando as anteriores.

Pasteur, vitimado por pertinaz enfermidade, contribuiu, decisivamente, para revelar a vida microbiana...

Limitados, em ministério de luz, ensinando o homem forte e sadio a não se deter, nem se apoiar em bengalas desculpistas para fugir à luta.

*

Com deficiências ou não de que te vejas objeto, coopera com o teu irmão em luta, laborando com ele, como Jesus, ao lado dos padecentes de toda natureza, renovando, libertando espíritos e corações, e encaminhando-os ao "Reino de Deus" que, afinal, encontra-se dentro de cada um de nós.

20
INCONFORMISMO E REVOLTA

Não me conformo! – explodem, revoltados, aqueles que da vida somente esperam vantagens e recompensas, quando surpreendidos por acontecimentos que lhes parecem desastrosos e trágicos.

"Deus é injusto!" – proferem, estentóricos, os que se supõem credores apenas de receber dádivas, embora desassisados, da vida somente retiram lucros e comodidades.

"Não mereço isto!" – bradam, desatinados, quantos são colhidos pelo que denominam infortúnios e desgraças, que os desarvoram.

"Não creio em mais nada!" – estridulam as pessoas tomadas por insucessos desta ou daquela natureza, que, afinal, se fossem examinados com seriedade e reflexão, constituiriam ocasião iluminativa, roteiro de felicidade.

O homem teima em permanecer anestesiado pela ilusão, sem dar-se conta, conscientemente, da fragilidade da organização carnal de que se encontra temporariamente revestido.

Cada um, por isso mesmo, concede-se privilégios e faculta-se méritos que não possui.

Se examinassem melhor a vida, verificariam que as ocorrências do trivial, que atingem os outros, a eles também alcançarão, procurando preparar-se para enfrentar com dignidade quaisquer injunções ou dissabores, que são igualmente transitórios.

❋

"Prefiro não saber" – informam as pessoas passadistas, quando convidadas ao exame da vida menos densa.

"Não consigo acreditar" – escusam-se as criaturas invitadas ao esclarecimento imortalista, como se estivessem indenes ao fenômeno da cessação da vida biológica.

"Irei aproveitar o meu tempo, gozando" – justificam-se os imediatistas ante qualquer referência à meditação, à caridade, ao sacrifício...

É natural que, visitados por acontecimentos não habituais no canhenho das suas conveniências, derrapem no inconformismo, no desespero, na alucinação...

A ação inexorável do tempo, entretanto, aguarda por todos e modela-os, submetendo-os.

Mesmo quando se pretende fugir da situação a que se vai arrojado, cai-se na realidade da vida, que predomina em toda parte.

❋

Recebe o insucesso como fenômeno normal nos tentames do teu processo evolutivo.

Não te consideres inatingível.

Acostuma-te à fragilidade do corpo e às necessidades de crescimento como Espírito que és.

Nenhuma dor te alcança sem critério superior de justiça.

Sofrimento algum no teu campo emocional, que não se acabe, deixando o resultado do seu trânsito.

Utiliza-te das ocorrências que trazem dor para crescer e não te apresentes inconformado.

Jesus, que veio à Terra exclusivamente para viver e ensinar o amor sem qualquer culpa, nasceu em modesta gruta, passou pelo carreiro de inumeráveis injunções e partiu numa cruz, sob apupos e malquerenças; volvendo, no entanto, Sol Divino que é, em insuperável madrugada que dura até hoje, para que ninguém reclame, nem se revolte, nem se inconforme ante as ocorrências dolorosas do mundo...

21
COM FÉ E
PERSEVERANÇA

Q ue estes são dias de transição moral e de crescimento espiritual do planeta, não tenhas dúvidas.

Em face das circunstâncias, não te surpreendas com a paisagem emocional aflitiva que se apresenta entre os homens em toda parte.

Angústia e insatisfação geram situações lamentáveis, enquanto violência e a agressividade produzem loucura e crime.

Não apenas isso. Estados d'alma inquietantes dominam larga faixa da Humanidade, como decorrência de fatores socioeconômicos e psicológicos, que atestam a precariedade dos valores sobre os quais foi erguido o aparente sucesso da inteligência, ora aplicada nas conquistas externas sem o apoio do sentimento voltado para o bem.

Outrossim, neste momento, é mais ostensivo o intercâmbio, inconsciente, embora, com os Espíritos desencarnados e em aturdimento.

As complexas cargas de informações negativas, deprimentes, açulam os desajustes de vária espécie, e o apressar das horas conclama ao prazer excessivo, em detrimento da paz lavrada em base do dever retamente cumprido e do amor superiormente vivido.

Surgem momentos em que supões não mais poder suportar a situação desesperadora.

Todos se te parecem adversários, ou se te afiguram ingratos.

Fazes rápida avaliação das tuas atividades, e a colheita se te apresenta de pequena monta ao que consideras um grande investimento de tua parte.

A mente descontrolada nega-se a fixar os ensinos edificantes, e a afetividade recusa-te alargar o campo das relações, receando apodos, rejeições, abandonos...

Tens estado a considerar, apenas, o que é prejudicial, sem te dares conta de que, insensivelmente, sintonizas com aqueles cujo comportamento lamentas, merecendo desconsideração.

Em todo processo de crescimento, surgem situações não esperadas, por melhor que se programem os desdobramentos dos fatores propiciatórios a tal fatalidade.

*

Cumpre, porém, não te permitires colheita de azedume nem rescaldo de pessimismo.

A nau humana não se encontra no oceano do progresso à matroca, rumando para o soçobro...

Jesus comanda o destino da Terra, e as Soberanas leis de Deus velam pela destinação gloriosa da Criação.

*

Sai da colocação negativa e segue a marcha do amor.

Há emoções de santificação em renúncias e sacrifícios conjugados para a felicidade geral.

Contribui com a tua cota de bondade e de otimismo, acendendo luzes, antes que deblaterando nas sombras; ajudando, ao invés de reivindicares auxílio; esclarecendo, em lugar de reclamares contra a ignorância; desculpando, sem excogitares de receber compreensão; edificando o amor nas almas, em vez de o demolires com os camartelos do mal-estar e da revolta...

Tem em mente que, inobstante a noite escura, o Sol prossegue brilhando, sustentando a vida e mantendo o equilíbrio gravitacional do Sistema apesar de não ser visto.

Prossegue, portanto, com fé e perseverança.

22
ABORTO

Consequência natural do instinto de conservação da vida é a procriação, traduzindo a Sabedoria divina no que tange à participação das espécies.

Mesmo nos animais *inferiores,* a maternidade se expressa como um dos mais vigorosos mecanismos da vida, trabalhando para a manutenção da prole.

Ressalvadas raras espécies, o animal dócil, quando reproduz, modifica-se, liberando a ferocidade que jaz latente quando suas crias se encontram ameaçadas.

O egoísmo humano, porém, condescendendo com os preconceitos infelizes, sempre que em desagrado, ergue a clava maldita e arroga-se o direito de destruir a vida.

Por mais se busquem argumentos, em vãs tentativas para justificar-se o aborto, todos eles não escondem os estados mórbidos da personalidade humana, a revolta, a vingança, o campo aberto para as licenças morais, sem qualquer compromisso ou responsabilidade.

O absurdo e a loucura chegam, neste momento, a clamorosas decisões de interromper a vida do feto somente porque os pais preferem que o filho seja portador de outra e não da sexualidade que exames sofisticados conseguem identificar em breve período de gestação, entre os povos supercivilizados do planeta...

Não há qualquer dúvida quanto aos "direitos da mulher sobre o seu corpo"; mas não quanto à vida que vige na intimidade da sua estrutura orgânica.

Afinal, o corpo a ninguém pertence, ou melhor, nada pertence a quem quer que seja, senão à vida.

Os movimentos em favor da liberação do aborto, sob a alegação de que ele é feito clandestinamente, resultam em legalizar-se um crime para que outro equivalente não tenha curso.

Diz-se que, na clandestinidade, o óbito das gestantes que tombam, por imprudência, em mãos incapazes e criminosas, é muito grande; e quando tal não ocorre, as consequências da *técnica* são dolorosas, gerando sequelas ou dando origem a processos de enfermidades de longo curso.

A providência seria, portanto, a do esclarecimento, da orientação e não do infanticídio covarde, interrompendo a vida em começo de alguém não consultado quanto à gravidade do tentame e ao seu destino.

Ocorre, porém, na maioria dos casos de aborto, que a expulsão do corpo em formação de forma nenhuma interrompe as ligações *Espírito a Espírito*, entre a futura mãe e o porvindouro filho.

Sem entender a ocorrência, ou percebendo-a, em desespero, o ser espiritual agarra-se às matrizes orgânicas e, à força da persistência psíquica, sob a frustração do insucesso, termina por lesar a aparelhagem genital da mulher, dando gênese a doenças de etiologias muito complicadas, favorecendo os múltiplos processos cancerígenos.

Outrossim, em estado de desespero, por sentir-se impedido de completar o ciclo da vida, o Espírito estabelece processos de obsessão que se complicam, culminando na alienação da mulher de consciência culpada, formando quadros depressivos e outros em que a loucura e o suicídio tornam-se portas de libertação mentirosa.

Ninguém tem o direito de interromper uma vida humana em formação.

Diante da terapia para salvar a vida da mãe, é aceitável a interrupção do processo da vida fetal, em se considerando a possibilidade de nova gestação ou o dever para com a vida já estabelecida, em face da dúvida ante a vida em formação...

Quando qualquer crime torna-se um comportamento legal, jamais se enquadrará nos processos morais das Leis soberanas que sustentam o Universo em nome de Deus.

Diante do aborto em delineamento, procura pensar em termos de amor, e o amor dir-te-á qual a melhor atitude a tomar em relação ao filhinho em formação, conforme os teus genitores fizeram contigo, permitindo-te nascer.

23
BRILHE TUA LUZ

A movimentação contínua da massa humana causa-te preocupação se consideras a problemática espiritual, que a todos diz respeito.

Grande parte se te apresenta carrancuda, sob o extenuar das dores para as quais não se preparou convenientemente, derrapando em violência contra os outros e contra si mesma.

Outra expressiva quantidade de criaturas transita distraída, sem dar-se conta das responsabilidades que lhe dizem respeito.

A desinformação em torno dos valores do Espírito – aqueles que são de duração imperecível – é alarmante, somando aos conceitos errôneos que muitos esposam, em chocante desconsideração quanto às realidades da vida.

Tendo em vista tais situações, reflete em torno dos movimentos religiosos que conduzem as massas, esvaziadas de sentimento legítimo de fé, sem claridades interiores, ficando aturdido.

Sem dúvida, toda emulação edificante, intentando incorporar Jesus ao dia a dia dos homens, é de alta significação. No entanto, a claridade da fé deve estar sustentada pelo combustível dos feitos, sob pena de apagar-se de um para outro momento.

Para lograr-se tal desiderato, é imprescindível que haja um suporte da razão que se apoia nos fatos de que não se pode evadir a mente, quando ocorrências desagradáveis ameaçam o equilíbrio.

Desacostumados ao raciocínio em matéria de fé, os homens submetem-se aos códigos do amor agora, para abandoná-los mais tarde, crendo por conveniências passageiras – antes por acomodação de interesses – do que pela necessidade de crescimento e renovação.

*

São respeitáveis as movimentações exteriores do clima religioso da Terra. Todavia, é de vital importância a transformação moral do homem ante a presença da fé, na mente e no coração.

Quem diz crer e não produz para o bem do seu próximo, é insensato.

Se se utiliza da vida e não reparte bênçãos, torna-se dilapidador da oportunidade.

Se se enclausura na vaidade da salvação individual, faz-se parasita inconsequente.

Se impõe a sua forma de ser, estribado em presunçosas convicções, transforma-se em prepotente.

Somente quando nele brilha a luz do Cristo, exteriorizando em atos o odor da claridade e do amor, é que se encontra em condições de provar que o caminho da felicidade leva ao próximo, numa viagem para fora, após haver-se penetrado pela busca interior, mediante a introspecção e a prece, que ora o sustentam nos comedimentos libertadores.

*

Não te detenhas diante dos impedimentos massivos na tarefa de auxílio espiritual.

Junta a tua a outras candeias que estejam ardendo na noite das aflições, derramando parca luminosidade.

Vai ao teu próximo e clarifica-o com a mensagem do Cristo, chamando-o à ação e à responsabilidade.

Não obstante o Evangelho houvesse sido pregado para a aturdida multidão, o Mestre não se poupou esforços no ministério de atender e iluminar uma a uma as criaturas que dele se acercavam.

Tem confiança irrestrita na sua governança e faze a tua parte, sem precipitação nem pessimismo, não temendo a mole humana, nem tombando na marginalização por indiferença ou timidez.

Espiritualiza-te, e deixa que a tua luz brilhe confortadora, apontando os rumos da paz para os que seguem contigo.

24
REAÇÃO PACÍFICA

Estes são dias de desequilíbrio.

O medo galvaniza os homens.

A onda dos crimes cresce a toda hora. No entanto, a agressividade e a violência que dominam as preocupações do mundo hodierno, a par das causas de natureza extrínseca, têm no próprio homem o caldo de cultura em que se desenvolvem assustadoramente.

Enquanto os especialistas dos diversos ramos do conhecimento tentam deter os efeitos da violência, que irrompe, voluptuosa, em toda parte, mergulhando o pensamento nos fatores causais socioeconômicos, sociopolíticos, socioculturais, psicológicos e de outras ordens; o egoísmo é a grande geratriz dos males que afligem a Terra...

Em consequência, o Evangelho de Jesus, vivido pelo Espiritismo em espírito e verdade, é o anticorpo de urgência para a calamidade virulenta que ameaça as estruturas sociais da atualidade.

*

Não somes ao volume dos desequilíbrios vigentes as reações que traduzem desassossegos internos.

Estabelece as diretrizes de paz interior, a esforço de prece e sacrifício, de modo a poderes minimizar a problemática afligente.

Evita o comentário pernicioso e não difundas a informação malsã.

Apaga o fogo da ira com a água da resignação.

Asserena as ansiedades pessoais, impedindo-te o desespero.

O servidor do Cristo está, na Terra, para o excelente mister de produzir a harmonia entre todos.

Agredido, não ataca; acossado, não investe contra, porfia; sofrendo, não promove a revolta, vence-a.

Estância de paz, torna-se veículo do otimismo, contribuindo valiosamente para a mudança da paisagem em agonia da atualidade.

Harmoniza-te com Jesus e esparze esperança, constituindo-te fortaleza contra o mal, lição viva de confiança, lentamente transformando o meio onde te encontras situado, de modo a vencer pela resistência pacífica a onda de provações necessárias para a Humanidade neste momento de transição histórica.

O egoísmo é o inimigo poderoso contra o qual todos devem voltar-se com disposição de ânimo e decisão.

Insculpindo n'alma as bênçãos da caridade, serão superados todos os fatores perturbantes que afetam o homem, e a violência como a agressividade serão banidas da Terra em definitivo.

Entrega-te, portanto, a Jesus e n'Ele confia, "não fazendo ao teu próximo, o que não desejares que ele te faça".

25
PALAVRAS DE ESTÍMULO

A experiência da dor e da soledade, cimentando os compromissos da redenção a benefício nosso, é dádiva de Deus, que nos cumpre valorizar sem qualquer amargura.

Não são os que fruem, nem os que se utilizam do corpo para o prazer, os que transitam ditosos.

Houve tempo em que assim pensando – usufruir até a exaustão – utilizamo-nos da vida para os atuais processos de recuperação afligente...

Hoje, os teus são os compromissos com o amor silencioso e a ação renovadora de espalhar a mensagem espírita quanto te permitam as possibilidades, sem esquecimento das tarefas normais nas quais tens empenhado a existência.

Ora e serve, estuda e medita, sem cansaço, para servires sem desfalecimento.

Se a árvore temesse a poda, decretar-se-ia à inutilidade prematura...

Se os metais evitassem a fornalha, candidatar-se-iam ao aniquilamento pelo desgaste ante a umidade...

Se o solo se negasse à chuva abundante, terminaria em deserto infeliz...

É sempre a *bigorna* da aflição trabalhando; hoje, em dor, a fim de evitar a destruição, amanhã, pela dor.

*

Aproveita com sabedoria tuas horas e ganha os teus minutos na ação edificante, sem pessimismo nem receio de qualquer porte.

Os espinhos do passado, cravados nas *carnes* da alma, abrir-se-ão em flores de paz mais tarde.

Quando a fonte generosa tem os minadouros esgotados, diz-lhe a nuvem passante: "Espera!".

Quando o fruto verde estua, fala-lhe o *Sol* amigo: "Espera!".

Quando o sofrimento domina, canta-lhe a fé: "Espera!".

Vem a chuva e a fonte se enriquece; o calor chega e o fruto amadurece; a fé arde e o sofrimento pacifica...

Em nossa área de evolução, tudo segue marcha equivalente.

Espera!

Transfere as tristezas da Terra e confia nas alegrias do reino, desde hoje até mais tarde.

Não temas nunca!

A sós se encontra quem se afasta do amor de Deus e, nem assim, este se detém em abandono.

Conserva o otimismo e ajuda os corações em agonia maior, tu que sabes das agonias silenciosas do coração.

26
VIOLÊNCIA E JESUS

Diante da agressividade que te vigia, impiedosa, exerce o equilíbrio, guardando serenidade.

Em todos os trâmites da vida, Jesus é o modelo e guia em quem encontramos a diretriz de segurança.

Acicatado pela impiedosa farisaica, Ele preconizou o amor indistinto.

Perseguido pela malta irresponsável, Ele recomendou o perdão.

Instado a aceitar a justiça arbitrária, Ele propôs a resignação e a humildade.

Antes, porém, em todos os Seus passos, vemos Sua vida assinalada pela total abnegação, com que estabeleceu, na Terra, o primado do Espírito imortal.

Quando a fome angustiava a multidão, Ele transformou peixes e pães em abundante repasto para todos.

Quando defrontou a mulher equivocada, que lhe foi trazida para lapidação, Ele ensinou misericórdia.

Insulado, na soledade, buscou Deus.

Abandonado pelos comensais do seu afeto, volveu a demonstrar fidelidade ao amor.

Traído por um amigo, distendeu a Sua magnanimidade como lição de complacência.

Nunca receitou a violência.

A violência, nos quadros do Cristianismo, não vige em página alguma.

Quando, hoje, a Terra em aturdimento estertora sob os guantes da agressividade e da violência, que se transformam em lobos ferozes apavorando os homens, Jesus prossegue como Modelo.

*

Não te deixes engalfinhar na luta da arbitrária justiça pelas próprias mãos.

Toda violência oculta um ser enfermo que extrapola da sua dor para a agressão infeliz.

Somente o amor em plenitude e a paz em profundidade podem constituir antídotos eficazes para minimizar a força hiante que avassala o mundo e expulsa este adversário que se disfarça: o egoísmo!

Nenhuma medida existe, a curto prazo, para deter a onda desencadeada pela invigilância desde há muito.

A tarefa que te cumpre realizar é a da educação das gerações moças pelo exemplo de total dignificação humana sob as bênçãos do Senhor.

Nenhuma pena capital pode erradicar a paixão ultriz que vige no homem.

A tomada de atitude arbitrária mais açula a insânia do pervertido, enquanto que a solidariedade, destruindo o caldo da cultura criminógena que fecunda, que enlouquece, é o recurso para diminuir e neutralizar a ação do mal que se espraia pelo mundo.

Quem tem Jesus no coração não tomba nas ciladas da impiedade, pois "somente lobos caem nas armadilhas para lobos".

Não te deixes atemorizar pela onda de desespero, armando-te de violência para revidar golpe por golpe.

O cristão se arma de paz e de amor para atender à luta que vem sendo desencadeada, concitando à misericórdia e ao perdão, em qualquer conjuntura anárquica e perturbadora da atualidade.

Sê tu quem ama, quem confia e quem realiza a resistência pacífica, a fim de mudar a paisagem da Terra e plantar no coração humano o Triunfador Invencível da Cruz.

A violência é sempre sem Jesus. Jesus nunca em clima de violência.

27
NEM TODOS CONSOLADOS

Bem-aventurados os que choram – disse Jesus.
Nem todos, porém.
A ira indômita, quando não logra atingir o alvo contra o qual investe, explode em choro convulsivo.

A inveja inditosa, irradiando a vibração deletéria, não se detém e irrompe em lágrimas abundantes.

O ciúme irrefreado, açoitando o coração invigilante, derrama lágrimas ardentes.

O ódio, que se volta virulento contra os que lhe tombam nas ciladas, ferve em lágrimas comburentes.

As paixões inferiores, preferindo as situações perniciosas, extrapolam os estados íntimos, exteriorizando-se em choro de revolta e azedume, com que diminuem a insânia das causas donde se originam.

Há lágrimas que não traduzem humildade nem esperança.

Choros que fomentam vinganças ultrizes e engendram males de largo curso.

Jesus reportou-se, sem dúvida, àqueles que choram sob o açodar das injustiças humanas, sem qualquer rebeldia; àqueles que sofrem as contingências afligentes, sem acalentar os sentimentos de vingança; aos que expungem os débitos pretéritos, sem desespero; aos que sentem a alma pungida e, no entanto, transformam a agonia lacrimejante em esperanças estelares; aos que, padecendo, não infligem aflições a ninguém; àqueles que, perseguidos, jamais se deixam consumir pelo desejo do desforço; aos que, esfaimados e sedentos de amor e paz, laboram pela felicidade do próximo... Esses serão consolados.

O choro é a reação do sentimento, da emoção, nem sempre credor de respeito e solidariedade.

Por isso, bem-aventurados todos os que choram, tocados pelo espírito do bem e da misericórdia; sofrendo para não fazer sofrer; burilando-se sem macerar ninguém; porquanto, assim, serão realmente consolados.

28
SUICIDAS TAMBÉM

O s vapores da ira cultivada perturbam o equilíbrio da emoção.

Os tóxicos da angústia vitalizada envenenam os centros da harmonia psíquica.

As viciações mentais ou físicas mantidas interferem no metabolismo fisiopsicológico.

A insatisfação demorada desarticula o ritmo da máquina orgânica.

A rebeldia sistemática dá gênese a enfermidades complexas.

A ociosidade responde por inúmeros distúrbios psíquicos.

A ansiedade contínua leva às alienações.

O ciúme envilece o caráter e desconcerta a vida.

A avareza tisna o discernimento e perturba a organização fisiológica.

Quantos cultivam esses e outros semelhantes *vírus* perigosos adoecem, avançando, insensatamente, para o autocídio total.

O suicídio, que decorre do gesto alucinado, levando a vítima a perder os contornos da realidade, choca e produz comoção geral.

O suicídio lento, desgastante e fatal, porém, passa despercebido.

Pululam, na atualidade, em todos os níveis sociais e econômicos, as vítimas da autodestruição por equívocos morais, excessos físicos e leviandades espirituais.

Fumantes inveterados, toxicômanos irresponsáveis, alcoólatras sistemáticos, sexólatras atônitos, padecendo de estranhas e rudes obsessões, já se encontram a largo trecho da estrada do suicídio infeliz.

Há outras formas de anulação da vida física, a que se entregam inumeráveis vítimas inermes.

(...) No entanto, há tanta beleza e amor convidando à vida!

Acautela-te nas atitudes e comportamentos sadios, preservando a dádiva do corpo com que a vida te honra no processo inevitável da evolução.

Ora e medita, anulando as constrições negativas de que sejas objeto.

Ama e serve indistintamente, arrebentando as algemas morais e emocionais que desejam reter os teus movimentos nobres.

(...) E em qualquer situação, segue Jesus; sustentado na fé imortalista, guardando a certeza de que tudo quanto te aconteça ocorre sempre para o teu bem, se te souberes conduzir na difícil circunstância. Por fim, tem em mente que a madrugada colore a treva suavemente, enquanto a sombra campeia, e que a ressurreição ditosa chegará somente após a passagem pelo túmulo, onde todos despertam para a realidade insofismável da vida.

29
SOB LIMITES

O dia pujante marcha para o ocaso.

O ano, de largos dias, não excede um minuto na ampulheta do tempo.

A existência física, mesmo duradoura, não logra evitar a morte.

Tudo, na Terra, são limites.

Só a vida em plenitude permanece, mergulhando e liberando-se dos envoltórios transitórios de que se reveste, para as transformações e avanços na fatalidade da perfeição que busca e alcançará.

Nunca te suponhas indene aos acontecimentos dos processos da evolução.

Embrulha-te nos tecidos da humildade e avança, trabalhando sem cansaço.

Conserva o otimismo em tuas realizações, mesmo quando os céus da tua experiência estejam nublados por espessas sombras de dificuldades.

Quem receia agir no bem, entorpece as resistências da realização.

❋

A prepotência age para a loucura.

A presunção atua para o desequilíbrio.

Só o amor, calcado no interesse pelo próximo, logra produzir para a vida.

❋

Instado a edificar o bem, onde estejas, não postergues a oportunidade.

Não conseguindo o desiderato, evita lamentar o esforço despendido.

A rosa aromatiza o ar; quantos se inebriam, preferem o aroma. Sê tu a rosa.

Todos bendizem o ar balsâmico da Natureza que os refrigera e agrada. Sê tu a brisa abençoada.

Na ambiência da tranquilidade, todos anseiam por fruí-la. Sê tu quem a propicia.

Melhor ensejar ventura do que gozá-la.

❋

Recorda Jesus, que tudo investiu em amor para, mesmo sofrendo, ensinar o homem a ser feliz, não ultrapassando os deveres e submetendo-se. Ele que é o nosso apoio às limitações do mundo, onde nos encontramos, por enquanto, a crescer e a evoluir.

30
INICIAÇÃO MEDIÚNICA

A mediunidade, como qualquer outra faculdade, exige exercício, treinamento e dedicação.

Pelas suas características de paranormalidade, impõe estudo cuidadoso e disciplina correta.

O conhecimento dos seus mecanismos e o da própria personalidade darão ao candidato os parâmetros para melhor aquilatar as manifestações, o conteúdo, os resultados.

O fator moral é, igualmente, de relevante importância, pelos efeitos que dele resultam.

Estando o homem mergulhado num universo de ondas, mentes e vibrações, de Espíritos, ele sintoniza conforme a frequência em que estagia mentalmente, atraindo os afins e repelindo os contrários.

Não havendo milagres nem mutações nos processos anímicos e mediúnicos, por serem fenômenos naturais, a educação das faculdades parafísicas produz-se com o rigor para cuja finalidade se deseje usá-los.

O tempo proporciona, como em qualquer outro cometimento, os resultados que nem sempre se lobrigam nos primeiros tentames.

Pelas delicadas teceduras de que se revestem as forças psíquicas, o fenômeno mediúnico independe do sensitivo, que deve estar sempre em condições, porém na dependência dos Espíritos, sem cujo contributo não se produzirá.

O conhecimento da faculdade mediúnica proporcionará ao homem melhor comportamento a fim de produzir com eficiência e tranquilidade.

✳

Se desejas cooperar com os benfeitores da Humanidade no campo das responsabilidades mediúnicas, tem tento e entrega-te a Deus, resguardando-te na oração, no estudo e na ação da caridade.

Não te apresses em apurar as tuas faculdades medianímicas.

Aprimora-te, primeiro, nos valores morais, submetendo-te ao caldeamento das paixões inferiores de modo a superar-te.

Dedica-te ao serviço do bem e à caridade fraternal, aprendendo boa vontade e submissão.

Libera-te de caprichos e pequenezes do caráter, com que aprenderás cooperação e entendimento, tornando-te dúctil, maleável ao intercâmbio espiritual.

Propõe-te silêncio e meditação diante dos fatos e ocorrências lamentáveis, treinando discrição e humildade.

Busca manter a vida interior e resguarda-te de agredir, nem sequer por pensamento, favorecendo aos Espíritos um campo mental tranquilo.

Cultiva a paciência, submetendo a presunção, e assim te armarás de consciência moral para uma sintonia correta com os desencarnados, que os Benfeitores espirituais, encarregados do teu programa mediúnico, estabelecerão para a tua tarefa de redenção.

✳

Jesus, o Médium por Excelência, entregava-se a Deus, sem exigência nem precipitação, recebendo do Pai as diretrizes para o Seu messianato, com que nos vem alçando do vale das humanas fraquezas para a montanha da sublimação espiritual, que é o nosso fanal.

31
Influências
Espirituais

Creia-se ou não, o intercâmbio espiritual sucede naturalmente dentro das leis de afinidade que regem a vida.

Onde o homem estagie o pensamento e situe os valores morais, aí ocorrem os mecanismos da sintonia, que facultam o intercurso espiritual.

Afinal, os Espíritos são os homens mesmos, desvestidos do invólucro material, prosseguindo conforme as próprias conquistas.

Quando atrasados, perseveram nos estados primeiros do seu processo de evolução.

Malevos, continuam atados à malquerença.

Perversos, permanecem comprazendo-se nas aflições que promovem.

Invejosos, estagiam na paixão desgastante que os intoxica.

Perseguidores, dão larga às tendências selvagens que cultivam.

Odientos, ampliam o círculo em que estertoram, contaminando aqueles que lhes tombam nas armadilhas.

Assim também ocorre com os que vivem a beleza e o amor, fomentam o trabalho e as artes, exercitam as virtudes e promovem o progresso, entesourando conquistas relevantes, de que se fazem depositários, irradiando o bem e mimetizando as criaturas que lhes facultam a assistência benéfica.

Não te permitas, desse modo, deslizes morais.

Instaura o período da vigilância pessoal e vitaliza o dever na mente para exercê-lo nos sentimentos junto ao próximo.

Os que partem da Terra fortemente imantados aos vícios retornam ávidos, sedentos, ansiosos, tentando continuar o infeliz programa, ora interrompido, utilizando-se de áulicos afins que lhes cedem os órgãos físicos... Em consequência, a caravana das vítimas inermes, padecendo as rudes obsessões espirituais, é muito grande.

Liberta-te das paixões inferiores, trabalhando as aspirações e plasmando o futuro mediante a ação correta.

Muda os clichês mentais viciosos e renova as paisagens íntimas.

Faze a oração do silêncio, reflexionando sobre os reais valores da vida.

Vincula-te ao amor ao próximo, contribuindo de alguma forma para o bem de alguém, para o bem geral.

*

Sentindo açuladas as tendências negativas, desperta e reage, não te deixando hipnotizar pelos Espíritos perturbadores.

Sintoniza com Jesus, e Ele, o Amigo Incondicional e Libertador, virá em teu socorro, favorecendo-te com a paz e a alegria.

32
NA CONJUNTURA DIFÍCIL

Limitado na paralisia ou algemado à dor, medita na urgente necessidade de reformulação de conceitos sobre a vida e renova-te.

Amputado emocionalmente pela *perda* de um ser querido, que se transferiu para a vida espiritual, reflexiona sobre a transitoriedade do corpo somático e aprimora-te interiormente, com os olhos postos no futuro.

Ferido nos sentimentos profundos pelo aguilhão dos desafetos que não supunhas existissem, considera a oportunidade para fazeres uma avaliação em torno do teu comportamento e exercita a paciência, com o perdão das ofensas.

Tombado na armadilha hábil e rude da ingratidão de qualquer natureza, verifica o teu estado interior e altera a situação deprimente, transferindo-te da amargura para beneficência geral.

Amarfanhado pelos golpes da enfermidade, aprofunda a mente nas cogitações em torno das causas dos sofrimentos e dirige os pensamentos no rumo do amor operante.

Sob a conjuntura da dificuldade financeira, do aparente fracasso social, da solidão, ou experimentando os cravos fincados de outras dores morais no cerne da alma, procura descobrir que toda e qualquer aflição é processo de cobrança que chega ao tribunal da consciência, impondo reparação.

Nunca te consideres infeliz.

Infelicidade é o desconhecimento da justiça divina, com permanência na rebeldia...

Nas injunções difíceis o Espírito cresce, porque se libera dos problemas que amealhou e pediu para solucioná-los, mediante as técnicas dolorosas da recuperação moral...

A ignorância, porém, no seu processo de aliciamento de vítimas inermes, conduz muitas criaturas que parecem felizes, em pleno triunfo – desfilando no carro do prazer e exibindo a força da insensatez, quando não da arbitrariedade –, e não são ditosas...

Não as invejes.

Já trilhastes por caminhos de semelhantes equívocos, e agora recomeças em condição diferente.

Na celeridade com que passam na vida, as manifestações orgânicas libertar-te-ão com rapidez das dores e opressões, bendizendo as láureas que lograste no testemunho das conjunturas difíceis.

33
TESTEMUNHOS E PROVAÇÕES

N ão recalcitres ao aguilhão das dores no desiderato de enobrecimento a que te dedicas.

Os que não sofrem os aguerridos combates dormem na inutilidade.

A tarefa que desempenhas, por mais insignificante que pareça, porque enobrecida e cristã, incomoda os frívolos e os atormentados, provocando ira em uns e inveja em outros.

Contenta-te com o prazer de desincumbir-te do dever que te cumpre atender.

É certo que conduzes imperfeições e que outros são melhor dotados do que tu. Todavia, enquanto esses não se resolvem pela ação do bem nas tarefas pequenas, realiza-as tu.

*

Se coxeias e andas, assim é melhor do que se fosses portador de membros perfeitos que se paralisassem pela crítica ácida ou na ociosidade.

Se te tacham de louco e tua conduta é correta, bendize mais do que se foras douto e lúcido, mergulhando a mente nos vapores da hora "vazia".

Se a mensagem cristã te fascina e produzes nas leiras da solidariedade humana, és mais feliz do que se te encontrasses com a mente cultivada, investigando ainda a imortalidade, que, afinal, já aceitas com ardor e confiança.

Se defrontas antipatias porque te encontras em ação, vives alegrias maiores do que se estivesses requestado e considerado no trono do orgulho vão, vencido pela transitoriedade dos que se *adoram* reciprocamente.

Se deparas inimizades enquanto amas, isto te é mais favorável do que amado, conquanto odiando.

Jamais te escuses ao compromisso que assumiste para com a Vida.

Testemunhos e provações!

Não há quem, produzindo no bem, não suscite desagrado ostensivo e chocante animosidade.

Honra o trabalho que te vitaliza e não cedas campo à perseguição acintosa ou dissimulada.

Jesus, cuja vida entre nós foi o mais sublime poema vivo de amor, não se reservou ser exceção. Amou e sofreu, auxiliou e sofreu, perdoou e sofreu...

Jamais, porém, desistiu ou desanimou, por isso mesmo demonstrando a excelência da sua origem e a qualidade das suas conquistas; "Modelo e Guia", até hoje, para todos nós.

34

QUESTÃO DE EMERGÊNCIA

A pessoa que te parecia de suma importância na área da afetividade, sem a qual a vida perderia o sentido. A joia pela qual te empenhaste com denodo pelo conseguir.

A posição social que te significava razão primacial da luta.

A viagem de férias que te representava um triunfo, incitando-te a um empenho hercúleo.

A casa confortável que desejavas e por cuja conquista laboraste até a exaustão.

A embriaguez dos sentidos por que anelavas com incontida ansiedade, que se te fez habitual, e outras tantas coisas; agora que as circunstâncias mudaram, que amealhaste experiências diferentes, parecem de pequena monta na conjuntura em que te encontras.

Há pessoas e coisas que valem o que se lhes atribui, porque destituídas intrinsecamente do conteúdo essencial para propiciar paz e preencher *vazios* da alma.

O tempo, na sua incontida sucessão, encarrega-se de situar tudo nos seus devidos lugares.

Em razão disso, não te afadigues, em desconcerto íntimo, na busca das coisas externas.

Empenha-te por uma incursão no desconhecido *país* do espírito, descobrindo o de que e de quem realmente necessitas para o milagre de uma vida plena.

Surpreender-te-ás com os valores que, em realidade, têm estrutura para servir de base ao edifício da felicidade por que lutas.

Identificarás que toda conquista se realiza, quando verdadeira, de dentro para fora do próprio ser.

Neste afã, superam-se aparências e ilusões, despertando-se para a realidade profunda da vida.

A questão de emergência que te diz respeito é a do autoaprimoramento pela ação digna do bem.

Essa realização da reforma moral auxiliar-te-á a vencer a ilusão, antes que ela te domine e te abandone após exaurir-te.

Propõe-te a emergência da conduta reta, da qual decorrerão a consciência tranquila e a paz do coração.

Essas conquistas de valor inquestionável jamais te defraudarão em qualquer tempo, lugar ou situação; antes seguindo contigo, além da vida física, para conceder-te felicidade.

35
APATIA

Se a atitude violenta, precipitada, pode levar a desastres de consequências lamentáveis; a apatia é sempre fator de desconcerto e atraso na máquina do progresso.

Quase sempre a apatia tem origem no programa cármico do Espírito em prova. É decorrência de graves aflições e erros que não foram necessariamente corrigidos pelo Espírito e ressumam do imo d'alma como expressão deprimente, paralisante.

O apático é alguém que perde a batalha antes de enfrentá-la... Encontra-se em processo de evolução com o objetivo de vencer as injunções penosas, devendo investir grandes esforços por superá-las.

No estado de debilidade de forças a que se entrega e no qual se deixa paralisar, aprisionado nas teias da indolência, deve e pode romper todos os vínculos e reorganizar-se, iniciando o esforço, a princípio mentalmente, para depois tornar em ações a programática a que se deve submeter, engajando-se no compromisso reabilitador.

Facilmente aquele que padece a constrição da apatia acomoda-se à situação, e, apesar de penosa, constitui-lhe uma forma de bem-estar que leva à inércia, ao desequilíbrio.

Vida é ação.

Ação é movimento a ser empreendido para o bem e o progresso, de cujo esforço resultam as conquistas que impulsionam à felicidade.

*

Elimina do teu vocabulário as frases pessimistas habituais, substituindo-as por equivalentes ideais.

Não digas: *"não posso"*, *"não suporto mais"*, *"desisto"*. Faze uma mudança de paisagem mental e corrige-a por outras: *"tudo posso, quando quero"*, *"suporto tudo quanto é para o meu bem"* e *"prosseguirei ao preço do sacrifício para a vitória que persigo"*.

O homem transita pelos caminhos que elege, nos quais se compraz.

A apatia é doença da alma, que a todos cumpre combater com as melhores disposições.

Na luta competitiva da vida terrestre, não há lugar para o apático.

Receando o labor bendito ou dele fugindo, mediante mecanismos de evasão inconsciente, a criatura se deixa envenenar pela psicosfera mórbida da autopiedade, procurando inspirar compaixão antes que despertar e motivar o amor.

*

Nos estados apáticos, iniciam-se os processos de auto--obsessão quanto da submissão obsessiva a Espíritos inconsequentes que se comprazem em explorar, psíquica, emocional e organicamente, os que se lhes fazem vítimas espontâneas...

Reage com vigor à urdidura da apatia, do desinteresse.

Ora e vence o adversário sutil que em ti procura alojamento, utilizando-se de justificativas falsas.

A Lei do trabalho é impositivo das leis naturais que promovem o progresso e fomentam a vida.

Não é por outra razão que a tradição evangélica nos informa: "Ajuda-te e o céu te ajudará", conclamando-nos à luta contra a apatia e os seus sequazes, que se fazem conhecidos como *desencanto, depressão, cansaço* e equivalentes.

36
PERSEVERANÇA COM ALEGRIA

Não te detenhas nunca ante o desafio do bem.

Jamais perca a confiança em Deus.

Nunca te entristeçam as provações, nem te aturdam os testemunhos.

O filete de água que procede de uma fonte poderosa destina-se ao mar. Suplanta os obstáculos, contorna acidentes geográficos, porém logra o seu fanal.

Vida física é oportunidade abençoada, instrumentalidade para o progresso. Também é masmorra transitória de que te libertarás um dia, se te promoveres às alturas do bem.

Não examines as questiúnculas nem os problemas do caminho, senão para os solucionar.

Quem se abate sob um céu nublado não merece a noite salpicada de estrelas.

Fadado ao infinito, o Espírito nasce e renasce no corpo para progredir, adquirindo experiências e modelando santificação.

Ouves a vozeria que fala de júbilos e te entristeces por não estares entre eles, os enganados algaraviantes. Talvez, não estejam felizes, senão excitados.

Deténs-te a examinar os que exibem paz e te afliges, em face dos conflitos que espocam no teu mundo íntimo.

Quiçá não estejam em harmonia, senão anestesiados pelos vapores da ilusão, aqueles que se exibem.

Mantém a tua confiança no ideal que abraças e não meças as vitórias do teu espírito com a fita métrica dos triunfos terrestres transitórios.

O cristão verdadeiro, e o espírita, em particular, triunfa sobre si mesmo, vence-se interiormente e galga os degraus do êxito ao lobrigar as paisagens mergulhadas no *Sol* da imortalidade em triunfo.

Jesus, na entrada triunfal em Jerusalém, não era vencedor nem um vencido. Era alguém incompreendido pela massa.

Colocado, porém, na cruz, a massa acreditava que Ele havia perdido a batalha, no entanto, era o vencedor em triunfo sobre os enganos que a massa oferecera-Lhe e Ele desdenhara.

Não te esqueças: dor e prova, renúncia e abnegação, constituem as marcas do Cristo Jesus a se insculpirem na tua alma, quais estrelas luminescentes no velário da noite, falando de *Sol* e de belezas imortais.

37
ESTÍMULOS INDIRETOS

Enfrenta o vírus da má vontade mediante a ação positiva, sem consideração maior pelos fatores perturbantes daqueles que se encontram contaminados.

Arrosta, jovialmente, as consequências da tua decisão feliz de servir ao bem, não concedendo entrevista nem justificações da tua atividade aos ociosos e sempre conflitados.

Imprime tranquilidade nas tuas tarefas, embora soprem os ventos da dissensão em tua volta.

Cerra os ouvidos à maledicência contumaz dos frívolos, que a utilizam por despeito e inveja dos que promovem a atividade dignificadora.

Há sempre quem esteja contra.

Inclusive, defrontarás pelo caminho aqueles que estão contra eles mesmos.

Não lhes dês tento.

Os insensatos, que sempre se fazem presença perniciosa, fáceis instrumentos da bajulação ou da guerrilha dos bastidores, estão enfermos e insistem por ignorá-lo.

Propõe-te ao prosseguimento da tua transformação moral.

*

Ninguém prejudica outrem se este não se detiver na faixa da sintonia perversa.

Todo aquele que promove o desequilíbrio, estimulando a luta inglória, acumula nimbos tempestuosos sobre a própria cabeça, prenunciando desastres para depois.

*

Tem a coragem de estar com eles; não te infestando, porém, das suas mazelas.

Por todos os meios supre-te de valor, para que não te desanimes no contato constante com tais companheiros, porta-vozes do infortúnio e da irresponsabilidade.

A tua é a tarefa de espalhar esperanças e valores de paz.

*

Todos reencarnam para progredir, ressarcir delitos, libertar-se das paixões inferiores. Estão programados para a felicidade...

Estagiar no comodismo ou avançar com decisão; permanecer no desvio ou retornar ao caminho; insistir na desídia ou removê-la de si mesmo; estacionar no trabalho ou crescer com decisão, é compromisso pessoal, que cada qual deve atender.

Realiza o teu mister com alegria, por mais inexpressivo que pareça.

A usina grandiosa tem pequenas peças e implementos que lhe respondem pela segurança.

A represa formidanda repousa no trabalho do operário modesto tanto quanto no da equipe técnica que a concebeu.

Os que, de alguma forma, intentam perturbar-te o trabalho são estímulos indiretos à tua dedicação.

Porfia e avança, embora a má vontade, o desentendimento, o amálgama das pequenezes espirituais dos que estão contigo.

Hoje que percebes melhor, compreendes que já transitaste por aquelas ínvias sendas, desde que, aspirando por metas mais altas, avançaste, lutando.

Também eles libertar-se-ão da conjuntura na qual, por enquanto, se debatem.

38

O MELHOR

Quando menos esperas, és visitado por fatores atordoantes que te deixam sem saber que atitude tomar.

Sem aviso prévio, deparas com situações afligentes que te inquietam, oferecendo-te frustrações, em face das condições de que se revestem.

De maneira agressiva, chega-te a dor do próximo, pedindo-te arrimo e, colhido pela rude solicitação, vês-te em clima de dificuldade para equacionar o problema.

O aturdimento das pessoas alcança-te, violento, apresentando solicitações gritantes, agredindo-te, e constatas as dificuldades socorristas mediante as quais poderias auxiliar com acerto.

A vasta cópia dos atormentados espera apoio nas suas alucinações e busca-te, inquietando-te por te deparares manietado, sem os meios ideais para o ministério do socorro.

Em tais como em outras circunstâncias equivalentes, indagas: *"Como agir? Como fazer o melhor?"*.

Subitamente identificas cansaço n'alma, amargura, inquietação.

Levanta, porém, o ânimo, revitaliza o moral.

A consciência que desperta para o bem mais sofre o espicaçar das aflições e incertezas quando diante de atos cruéis, surpreendentes, ou de situações muito complexas, ao considerar o que poderia fazer e como acionou a máquina da atitude correta.

É natural, portanto, que o teu repouso seja menos fácil, e a tua quietude, por momentos, improvável.

Os que se sentem muito tranquilos na Terra, quiçá estejam intoxicados pelos vapores da indiferença.

Convidado, intempestivamente, a ajudar, a tomar uma atitude em relação a alguém, a assumir uma posição; não te deixes impregnar pelos fluidos e vibrações de quem te busca. Recolhe-te à oração silenciosa e indaga ao coração o que gostarias de receber, caso fosses o necessitado.

Certamente, terás a resposta de como seria o procedimento ideal.

Todavia, se não for possível realizar a ação ideal, não cruzes os braços, lamentando impossibilidades.

Faze da maneira mais correta ao teu alcance, envolvendo em simpatia aquele que se socorre de ti e permanecendo de consciência harmonizada.

Enfrentarás sempre ocorrências difíceis, com as quais, desde logo, deves acostumar-te.

Em razão da imensurável quantidade de aflitos e da precariedade dos teus recursos, não te sintas incapaz de auxiliar, descoroçoando-te.

Uma semente, resguardada no bojo da terra, pode ser a responsável futura por toda uma área verdejante e rica de dádivas.

Importante é o que faças e como faças, pertencendo os resultados à Vida.

A multidão que Lhe ouvira a palavra de liberdade e paz, não obstante já alimentada em espírito, padecia de fome orgânica. Solicitado o auxílio, Jesus excogitou de tomar os cinco pães e os dois peixes que os discípulos possuíam, com os quais repletou os estômagos necessitados, sem perder o entusiasmo ou modificar a atitude de amor com que antes amparara a grave necessidade espiritual de que todos padeciam.

Considera, desse modo, a sabedoria do Senhor e, sem desencorajamento, faze a tua, a parte que te cabe, com a certeza de estar realizando o melhor.

39
AMOR À VIDA

Ama a vida conforme se te apresentem os programas existenciais.

O campo, enriquecido de grãos, foi trabalhado arduamente.

A fonte, cantante e abençoada, venceu lama e pedra para fluir cristalina.

Não apagues a chama da alegria, antes que se consuma o combustível do amor.

Valorizando cada aprendizagem no quotidiano, preparar-te-ás para futuros cometimentos.

Cada experiência merece respeito. As positivas devem oferecer substância para que sejam repetidas; e as outras, as dolorosas, merecem ser examinadas nas suas causas, a fim de que não necessitem retornar.

Considera a dor como dádiva de salutar efeito para o teu progresso espiritual.

Ela é o meirinho austero que te induz à realização edificante.

Insiste no bem, mesmo quando tudo te pareça sombrio e desesperador, em consideração odienta contra os teus propósitos de elevação.

Sem a custódia da sua mensagem, a vida ser-te-á um fardo impossível de ser levado adiante.

*

Informas que há dias em que todas as coisas parecem somar-se para afligir-te mais.

Não recues, porém, nos propósitos superiores, quando tal suceder.

Ninguém consegue avançar no processo educativo da evolução em regime de exceção injusta.

Quando a dor te acena, é um chamado para a meditação.

Quando se te instala no coração ou na mente, é um contributo para teu crescimento e resgate.

Sob quaisquer ocorrências, ama a vida e aprende a técnica de ser feliz.

Desgraça real é o desconhecimento dos objetivos superiores da existência, sem a chama luminosa do amor como bênção, e a imperiosa necessidade de seguir, arrastado pelas circunstâncias penosas.

Inclina-te diante da necessidade de ressarcir os débitos, e inflama-te de alegria pela graça de sofrer para libertar-te, e morrer para ressurgir dos escombros carnais em corpo de luz.

40
PROBLEMA DE CONSCIÊNCIA

E nquanto estás no caminho dos homens, desdobra as tuas possibilidades de ação beneficente.

Não postergues a edificação do bem onde te encontres, sob pretexto algum...

A vida são as oportunidades de que cada um dispõe para o crescimento próprio.

A raiz, frágil e persistente, penetra a frincha da pedra e fende a rocha, adquirindo segurança para o vegetal.

A semente arrebenta-se e libera a planta sob a pressão da terra que a encarcera.

A gota d'água atravessa em largo prazo a pequenina brecha da represa e derruba a construção colossal.

A ação resulta da perseverança no tentame do que se deseja.

Há quem programe realizações relevantes por largos anos, enquanto a dor ceifa as vidas que aguardam no deperecimento e na miséria.

Inumeráveis pessoas acalentam propósitos superiores e anelam por dedicar-se a eles, enquanto a ampulheta do tempo deixa que passem os dias, sem os transformar em realidade.

Cristãos bem-intencionados disputam a caridade verbal, elaborando programas expressivos sob condições de alto nível, enquanto a oportunidade passa e a dor faz-se mordomo cruel...

Une a ação aos teus projetos do bem, sem adiar a realização da obra de solidariedade humana.

Espíritos que foram bem-intencionados na Terra, personalidades que se fizeram famosas pelo verbo ou agentes da reformulação social ricos de teorias, religiosos sensíveis que planejaram obras monumentais, diariamente retornam à Pátria espiritual com a mente repleta de projetos formidandos e as mãos vazias de ação, tombando em remorsos cruéis, que os vergastam, em razão do tempo perdido que não souberam utilizar na realização do compromisso superior da vida.

Problema de consciência, pessoal e intransferível de cada um: programar o bem, discuti-lo e concretizá-lo ou não durante o processo da reencarnação.

41
TEM CORAGEM

Nas contingências afligentes do quotidiano e ao longo das horas que parecem estacionadas sob a injunção de dores íntimas, extenuantes, que se prolongam, não te deixes estremunhar, nem te arrebentes em blasfêmias alucinadas, com que mais complicarás a situação.

Tempestade alguma, devastadora quanto demorada, que não cesse.

Alegria nenhuma, repletada de bênçãos e glórias, que não se acabe.

A saúde perfeita passa, a juventude louçã desaparece, o sorriso largo termina, a algaravia de festa silencia...

Da mesma forma, o aguilhão do infortúnio se arrebenta; a enfermidade se extingue; a miséria muda de lugar; a morte abre as portas da vida em triunfo...

Tudo quanto sucede ao homem constitui-lhe precioso acervo, que o acompanhará na condição de tesouro que poderá investir, conforme as circunstâncias que lhe cumpre enfrentar no processo da evolução.

Os que aspiram a fortunas alegam, intimamente, que se as possuíssem, mudariam a situação dos que sofrem escassez. No entanto, os grandes magnatas que açambarcam o poder e usufruem da abundância, alucinam-se com os bens, enregelando os sentimentos em relação ao próximo...

Quantos anelam pela saúde e afirmam, no silêncio do coração, as disposições de aplicá-la a benefício geral. Não obstante, os que a desfrutam, quase sempre malbaratam-na nos excessos e leviandades com que a comprometem, desastrados.

O bem deve ser feito como e onde cada qual se encontre.

Em razão disso, as situações e acontecimentos de que se não é responsável no momento, devem ser enfrentados com serenidade e moderação de atos, por fazerem parte do contexto da vida a que cada criatura se vincula.

A vida são o conteúdo superior que dela se deve extrair e a forma elevada com que se pode retirar-lhe os benefícios.

Um dia sucede a outro, conduzindo as experiências de que se reveste, formando um todo de valores, que programam as futuras injunções para o ser.

Recorre, nas situações diversas, aos recursos positivos de que dispões, e aguarda os resultados dessa atitude.

Jesus é sempre o exemplo.

Poderia haver liberado todos os enfermos que encontrou pela senda; mas não o fez.

Se quisesse, teria modificado as ocorrências infelizes que O levaram às supremas humilhações e à cruz; todavia, nem sequer o intentou.

Conferiria fortuna à pobreza, à mole esfaimada que O buscava, continuamente; todavia, não se preocupou com essa alternativa.

Elegeria para o Seu labor somente homens que O compreendessem e Lhe fossem fiéis, sem temores nem fraquezas; porém, optou pelo grupo de que se cercou.

Modificaria as estruturas sociais e culturais da Sua época; sem embargo, viveu-a em toda a plenitude, demonstrando a importância primacial da experiência interior e não dos valores externos, transitórios.

Apresentar-se-ia em triunfo social, submetendo o *reizete* que Lhe decidiu a sorte; apesar disso, facultou-se viver sob as condições do momento, em plena aridez de sentimentos e escassez de amor entre as criaturas...

Jesus, no entanto, conhecia as razões fundamentais de todos os problemas humanos e a metodologia lenta da evolução; identificava que a emulação pela dor é mais significativa e escutada do que a do amor, sempre preterido; sabia do valor das conquistas superiores do espírito, em detrimento das falazes aquisições que se deterioram no túmulo e dissociam os tesouros da alma.

Tem, portanto, coragem, e faze como Ele ante dificuldades e problemas que passarão, armando-te hoje de esperança para o teu amanhã venturoso.

42
NA LAVOURA MEDIÚNICA

N a lavoura da mediunidade, o trabalho de aprimoramento moral do homem é de capital importância. Terreno em desprezo, dá vitória à erva daninha.

Solo sem trato é prejuízo na economia da agricultura.

Cada médium revela, na aplicação das forças psíquicas, o estado da própria evolução.

Em razão disso, a grande variedade de médiuns é decorrência da larga faixa moral em que transitam os homens.

Aprimorem-se o caráter moral e os valores culturais do servidor e defrontaremos resultados superiores no serviço mediúnico.

A faculdade medianímica, como outra qualquer, é neutra em si mesma.

A direção que se lhe dá torna-a dignificada ou perniciosa.

Variando de intensidade, de indivíduo para indivíduo, tem as suas raízes no Espírito, onde se fixam as necessidades evolutivas do ser.

Inata, desenvolve-se por criteriosos processos de educação e disciplina, dirigidos para os valores morais, mediante o exercício a que se deve submeter.

A mediunidade é inerente ao homem como o quociente intelectual, aguardando correspondente aprimoramento.

Possui-se mediunidade ou não se dispõe de mais amplos recursos medianímicos.

Se és médium, desatrela-te dos impedimentos de qualquer natureza, que te retenham no pórtico da lavoura mediúnica.

Se experimentas os sintomas que caracterizam a faculdade abençoada, não tergiverses ante o labor a ser atendido.

Libera-te das injunções da dúvida, e submete-te a um programa disciplinante de aformoseamento moral e educação mediúnica.

Estuda a Doutrina Espírita e estuda-te.

Exercita a vivência evangélica e pauta as ideias e aspirações na diretriz cristã.

Confia no tempo e não te atormentes pelos efeitos apressados.

Sintoniza com o bem, a fim de que os Espíritos nobres se afeiçoem ao teu esforço.

Afervora-te à vida interior, cultivando a reflexão e a prece, de modo que te possas abstrair, quando necessário, da turbulência e da perturbação, sem alarde, mantendo equilíbrio psíquico.

Trabalha na mediunidade e pelo bem de todos quanto possas, tornando-te medianeiro constante da esperança e da paz, do otimismo e da saúde, a benefício próprio e de todos.

✳

Defrontarás dificuldades na lavoura mediúnica.

Se, porém, venceres aqueles problemas que se encontram em ti mesmo, superarás os outros, que se te afigurarão de menor gravidade e significado.

43
ANGÚSTIA E PAZ

Previne-te contra a angústia.

Essa tristeza molesta, insidiosa, contínua arrasta-te a estado perturbador.

Essa insatisfação injustificável, perseverante, penosa conduz-te a desequilíbrio imprevisível.

Aquela mágoa que conservas, vitalizada pela revolta sem lógica, impele-te a desajuste insano.

Isso que te assoma em forma de melancolia, que aceitas, empurra-te a abismo sem fundo.

Isso que aflora com frequência, instalando-se nas tuas paisagens mentais de pressão constante, representa o surgimento de problema grave.

Aquilo que remóis, propiciando-te dor e mal-estar, impele-te a estados infelizes, que te atormentam.

A angústia possui gêneses várias.

Procede de erros que se encontram fixados no ser desde a reencarnação anterior, como matriz que aceita motivos verdadeiros ou não, para dominar quem deveria envidar esforços por aplainar e vencer as impressões negativas e as compulsões torpes.

Realmente, não há motivos que justifiquem os estados de angústia.

A angústia entorpece os centros mentais do discernimento e desarticula os mecanismos nervosos, transformando-se em fator positivo de alienações.

Afeta o psiquismo, o corpo e a vida, enfermando o Espírito.

Rechaça a angústia, pondo *sol* nas tuas sombras-problema.

Não passes recibo aos áulicos da melancolia, e dispersa com a prece as mancomunações que produzem angústia.

*

Fomenta a paz, que é o antídoto da angústia.

Exercita a mente nos pensamentos otimistas e cultiva a esperança.

Trabalha com desinteresse, fazendo pelo próximo o que dizes dele não receber.

A paz é fruto que surge em momento próprio, após a germinação e o desenvolvimento do bem no coração.

*

Jamais duvides do amor de Deus.

Fixado aos propósitos de crescimento espiritual, transfere para depois o que não logres agora, agindo com segurança.

Toda angústia dilui-se na água corrente da paz.

44
O BEM EM AÇÃO

De forma alguma sintonizes com as induções perniciosas, que partem de mentes atribuladas e infelizes.

A edificação moral dos lutadores dos ideais nobres desperta a inveja e a agressividade dos que se comprazem, distônicos, nos estágios inferiores da evolução.

A serviço do bem, estás resguardado pelos recursos positivos da ação que desenvolves.

A mente em disciplina e em exercício nobilitante nutre-se de paz e enriquece-se de júbilo.

Haures forças na própria atividade desenvolvida e se, por acaso, o desgaste, o cansaço e a perturbação te visitam, os créditos do teu ministério favorecem-te com os valores excelentes, com os quais, facilmente, sairás da situação penosa.

Como é certo que ninguém se encontra em regime de exceção na Terra, ante a dor, ninguém transita em abandono à mercê das agressões e disparates da alucinação alheia.

Apenas lobos tombam em armadilhas para lobos, o que equivale dizer que, se alguém padece a constrição das forças negativas que conspiram contra o bem, é porque sintoniza com elas.

O bem não te imunizará do sofrimento de que necessitas, no entanto, auxiliar-te-á a enfrentar as situações difíceis com ânimo robusto e confiança em Deus.

O bem não te preencherá todos os "vazios da alma", todavia, evitará que te encharques de pessimismo e azedume.

O bem não te oferecerá a plenitude da alegria, mas facultar-te-á fruir as satisfações prenunciadoras da renovação que te tornará ditoso um dia.

O bem não te resolverá todos os problemas, porém, oferecer-te-á resistência para vencer dificuldades e não contrair novos compromissos negativos.

O bem não te libertará da luta, que é o caminho de redenção, sem embargo, ser-te-á cireneu e amigo, sustentando-te em todos os lances até que logres a felicidade.

O bem que se faz, é bem que não cessa nunca, sempre produzindo o bem.

Não receies, jamais, o mal; nem te omitas na ação do bem.

*

Se te vês agredido, estando na ação do bem, reflete como estarias caso te detivesses em outra faixa de realização...

Se amando e servindo, despertas antipatias e animosidades, considera o que sofrerias se, porventura, engrossasses as fileiras do ódio...

Se lutando pela reforma íntima, pelo aprimoramento moral, ainda vais atingido pelos petardos violentos da maldade, examina o que serias e como te encontrarias, se respirasses o clima da alienação em que se encontram os que te objurgam e perseguem.

*

Mesmo Jesus, que não tinha culpa e é a "Luz do mundo", não passou entre nós incólume à agressão de encarnados e desencarnados infelizes que O ameaçaram em vãs tentativas de atemorizá-lO; os últimos inspirando os primeiros a crucificá-lO, esquecidos de que a morte é vida, e foi morrendo que Ele retornou em plena madrugada radiosa de esperança, para nunca mais se apartar de nós.

45
FESTIVAL DE BÊNÇÃOS

Não desdenhes os valores inapreciáveis do serviço cristão no teu processo de renovação espiritual.

Não desconsideres a contribuição do sofrimento na programática do teu crescimento íntimo.

Não subestimes os testemunhos da renúncia e da humildade no esforço de libertação pessoal.

Não desdenhes as ciladas morais na vilegiatura carnal durante a aprendizagem espírita.

Não desprezes o contributo do estudo e da meditação, diante dos compromissos da tua própria evolução.

Não te escuses ao trabalho, por mais insignificante ou mais expressivo, que te constitui desafio à comodidade perante a escalada do teu progresso.

Não te infirmes na condição de aprendiz, colocado como estás no processo de educação espiritual.

*

Comprometido com a vida, estagias no educandário terrestre sob disciplinas necessárias ao crescimento e à conquista da paz.

Atado à retaguarda por vínculos infelizes, experimentas as constrições de que dependes, embora anelando por libertação.

Age, enquanto é hoje.

Ajuda, além do teu limite.

Cresce pelo desprendimento de ti mesmo, e auxilia os que te retém no dédalo das aflições.

Não marchas a sós, sem companhias com as quais sintonizas em razão do pretérito, tanto quanto dos objetivos que te fascinam a mente e o sentimento.

Eleva o padrão das tuas aspirações, e trabalha o solo dos teus desejos, semeando a luz do amor, a fim de que o amor te responda com paz por cada lance de sacrifício e luta.

Vigia as nascentes do sentimento e não te canses de aprender, ensinar e viver a lição do otimismo que ressuma da palavra do Senhor.

Um dia, bendirás todo esse esforço e, ao praticá-lo, desde agora, compreenderás que a verdadeira felicidade nasce como uma suave claridade estelar que atinge a plenitude e absorve toda a sombra e tristeza, num festival de bênçãos para o Espírito.

46
ALTERNATIVAS

A vida se expressa através de várias alternativas. Seja qual for o teu comportamento, enfrentarás a alternativa do sofrimento.

Por mais procures evadir-te, não jornadearás imune à dor.

Fenômeno biológico de desgaste dos implementos orgânicos, encontra-se ínsita na aparelhagem fisiológica, obedecendo à programática para a qual foi elaborada.

Fora dos equipamentos físicos, eis que as manifestações psicológicas e emocionais também geram destrambelhos e aflições que se incorporam à paisagem da humana agonia.

Além destas, surgem as dores morais, lancinantes e agudas, de que ninguém está imune.

Dor, porém, é processo normal, enquadrado na vida.

Ei-la em toda parte, expressando-se em manifestações variadas, dentro das dimensões dos processos evolutivos, sendo maior quanto mais delicadas são as percepções do ser...

Evolvido ou atrasado, o homem padece-lhe sempre a injunção, e porque se expressa na própria realidade do ser, resulta das ações pessoais que se praticam numa existência, gênese de inevitáveis manifestações aflitivas noutra.

✳

A fé, de forma alguma, liberar-te-á do sofrimento.

Oferecer-te-á recursos para amenizá-lo, dando-te compreensão para enfrentá-lo e armando-te de coragem para te impedires o desespero, com o qual mais te mortificarias.

A crença na mensagem cristã, em forma de serviço dirigido ao próximo, transforma-se em ideal relevante que, não obstante a sua magnitude, não libera a criatura do sofrer, de aprimorar-se.

Os ideais sustentam a vida inteligente e favorecem com valores que a embelezam e a dignificam.

Não imunizam, porém, o homem da aflição.

O ideal enobrecido é um demorado parto e, como todo processo de *parto*, dói...

✳

A alternativa no ideal, sofrendo, é a mais correta.

Há quem sofre, fazendo sofrer; os que sofrem em razão do alheio sofrimento; aqueles que sofrem porque não dispõem de meios para imporem sofrimentos; pessoas que sofrem em razão de frustrações, amarguras e enfermidades que poderiam minorar, caso se dispusessem a amar e a servir.

A alternativa do sofrimento, enquanto se faz o bem, é sempre a melhor.

No entanto, há quem eleja outras alternativas...

✳

Não te descoroçoes, porque a dor – que a todos macera e purifica – ora faz morada na tua ilha de antiga felicidade.

Recebe-a com naturalidade e altivez, não te permitindo desânimo ou revolta.

Beneficia-te com a oportunidade de sofrer, meditando em torno dos valores reais da existência, transformando essa alternativa em estrela luminífera a esparzir claridade no céu das tuas paisagens íntimas, que ora se encontram em aturdimento, mas predispostas à paz.

47
VISÃO DA VIDA

Para quem da vida apenas vê o lado material, a sofreguidão pela conquista dos bens terrenos e a inquietação ante os problemas constituem razões prioritárias.

Colocando na morte o termo da vida, todas as cogitações transitam no círculo estreito dos interesses imediatos, sem encontrar motivação para mais amplos e audaciosos voos do pensamento.

Em decorrência, os interesses giram no estreito espaço das paixões dissolventes e inquietantes.

Todas são questões de efêmera duração, pela própria conjuntura em que se situam.

A dor, os problemas, em tais casos, apresentam-se como desgraças.

Os caprichos não atendidos e os desejos não supridos tornam-se razão de desdita e loucura.

É muito diminuta a visão da vida sob a colocação da *realidade* corporal.

Quando o homem considera a vida como uma oportunidade valiosa de crescimento moral e de conquista dos valores eternos, bem diversas são as colocações filosóficas em que se movimenta.

Os sofrimentos adquirem um significado próprio, dos quais retira valiosos recursos de paz e temperança para uma vivência útil.

O *fardo* dos problemas se dilui ante a atitude correta de considerar as dificuldades e sobrelevá-las, solucionando cada uma conforme esta se apresente.

Advém, então, um natural desapego aos bens físicos, por entender quão transitória é a posse, e como varia de mãos em breve tempo...

Um sentimento de solidariedade espontânea toma corpo nas atitudes, propiciando alegria de servir e, ao mesmo tempo, dilatando os objetivos do existir.

Evita te impressionares em excesso com as posições breves da pobreza e da fortuna, da saúde e da enfermidade, da juventude e da velhice...

Considera a vida sob o ponto de vista global – no corpo e fora dele –, assim adquirindo harmonia íntima e real visão das suas finalidades.

Atribui a cada fato, acontecimento, questão, o valor que realmente mereça, tendo em vista a curta duração do corpo e a destinação do Espírito.

Descobrirás, então, como agir e superar os limites, seguindo, tranquilo, na direção do destino ideal.

48
DINÂMICA DA PALAVRA

Instado a falar, deixa que dos teus lábios enfloresçam esperança e alegria, com que esparzirás a palavra no rumo dos corações em ansiedade.

Apesar de te encontrares sob a cruz dos testemunhos silenciosos, desvela o teu céu estrelado de fé e clarifica com o verbo gentil as almas que te buscam em sombras e aturdimento.

Embora não te encontres em gozo de saúde ou experimentes as injunções da crueldade alheia que te aflige, entretece considerações sobre o equilíbrio, conclamando ao otimismo.

Nunca exumes temas esquecidos, cadaverizados, trazendo-os ao comentário pessimista, nem agasalhes as sugestões que induzem a apreciações deprimentes.

De forma alguma sustentes conversações acusadoras, repassando lances da vida do próximo com azedume ou apodo.

Todo problema alheio merece o nosso respeito.

Coloca a tua expressão verbal a serviço da renovação e do entusiasmo das criaturas que te cercam.

O incêndio da maledicência necessita da água do silêncio para apagar-se.

O azorrague da perseguição aguarda a atitude cordata para cessar.

A agressão devastadora desaparece diante da não violência tranquila.

Se te chegam ao conhecimento censuras e invectivas contra tua pessoa, silencia e perdoa.

Se te alcançam estremunhamentos e acusações injustas, cala e desculpa.

Se te chocam os golpes da impiedade ou os da gratuita perseguição, prossegue no bem e compreende.

Não lamentes os que te deixaram à margem ou que se voltam contra ti.

Se insistires no dever, vão-se aqueles, mas outros virão.

Sempre colocado na posição de quem fala, mede os teus conceitos e expende-os carregados de emoções felizes.

Com a palavra induzirás à paz ou fomentarás a guerra.

Falando e agindo, Jesus deixou-nos um legado que o tempo não venceu, permanecendo como uma constelação de astros a iluminar a noite de todos os evos, futuro afora, inapagáveis.

49
TENTAÇÃO DO REPOUSO

Faz do trabalho o esquema do repouso.

Sem este, a produtividade daquele padece lamentáveis consequências...

O trabalho é a mola do progresso que fomenta a evolução.

O repouso refaz as forças, dá claridade à inteligência, vitaliza o corpo.

Convém, no entanto, uma avaliação das horas aplicadas no trabalho e daquelas gastas no repouso.

O espairecimento, o sono, o esporte funcionam como repouso. Mas o trabalho, também.

Quando se abraça um ideal de engrandecimento, a própria emulação da atividade gera forças que se renovam sem a necessidade da paralisação do trabalho.

A diversificação de tarefas constitui uma forma elevada de repouso.

A pretexto de repousar, não apliques o tempo na ociosidade dourada, nem no sono da indolência.

Não te confiras menos resistências do que aquelas que realmente possuis.

O homem é o que elabora intimamente.

As largas horas de sono entorpecem a mente, amolentam os músculos, concitam à indolência.

Há serviços que te aguardam, que fazem parte do processo da tua e da evolução de todos.

Não te suponhas melhor nem pior do que teu próximo.

A aparência engana, e a presunção coloca lentes que deformam a visão da realidade.

Esforça-te, cada dia, para produzir mais, e lograrás melhores conquistas na área das próprias possibilidades.

Pensa nos paralíticos, nos limitados, nos enfermos de longo curso, nos de membros atrofiados. Ignoras o quanto dariam para estar nas tuas condições e oferecer-se para agir, realizar, produzir.

Cuida-te da tentação do repouso, renovando teus recursos íntimos na oração, que te sintonizará com o Bem, e na operosidade fraternal, que te concederá dinamismo para afrontar deficiências e circunstâncias diversas com êxito.

O cidadão nobre e o cristão decidido, mesmo durante o repouso físico pelo sono, não se quedam na inutilidade, oferecendo-se para o serviço edificante e a aprendizagem moral nas Esferas Espirituais, donde todos procedemos e para onde marchamos.

Os indolentes e preguiçosos amolentam-se, em Espírito, intoxicados pelos vapores do sono excessivo, ou se deslocam para regiões infelizes onde compartem situações perniciosas com os escravos da perversão e da ociosidade.

Repousa, quando necessário, todavia, não cesses de trabalhar dia algum da tua vida.

50
RENOVAÇÃO ÍNTIMA

A identificação do homem com a mensagem evangélica não raro se revela mediante o desapego aos objetos e valores materiais.

Constitui um sinal de compreensão dos deveres humanos em relação ao próximo a generosidade fraternal em forma de dádivas. No entanto, muitos daqueles que distendem os seus recursos amoedados, mesmo que forrados de propósitos salutares, impõem condições, formulam exigências, conseguindo, assim, minimizar o significado dos auxílios, quando não humilhando os beneficiários.

O conhecimento cristão, quando penetra o âmago da criatura, torna-se uma claridade que vence as resistências das sombras egoístas que teimam por perdurar.

Como consequência, impõe a necessidade da renovação interior, vencendo as paixões que ferreteiam o caráter e atormentam os sentimentos.

Superar as más inclinações e submeter as tendências dissolventes, eis o campo de trabalho silencioso e difícil que não pode ser marginalizado.

Para que se logrem os resultados positivos, o empreendimento exige disciplina e resolução firme, cujas resistências se haurem no estudo da doutrina do Mestre, na prece e na meditação, com a atitude constante da caridade que faz desabrochem os tesouros que jazem no Espírito.

✳

Sem a decisão firme da renovação íntima, o homem faz-se joguete de forças em choque, contra as quais se vê obrigado a lutar.

É uma batalha árdua e demorada, porque objetiva anular o efeito dos hábitos infelizes, milenarmente fixados na tessitura do próprio ser.

Essa disposição deve se apoiar na humildade, que é a célula *mater* para cometimento de tal porte.

A humildade desencoraja qualquer força de violência e de crime.

Consegue anestesiar os efeitos do mal e provar a excelência do bem.

O seu exercício produz resultados opimos, favorecendo a sementeira dos objetivos elevados, bem como a fecundação deles nas terras do sentimento.

✳

Talvez não seja notório, para a observação descuidada de terceiros, o programa da renovação íntima.

Aquele, porém, que se dedica ao compromisso liberativo, descobre a felicidade e a paz, que lhe passam a lenir a vida, emulando-o ao prosseguimento do esforço mediante o qual se eleva.

Quantos, porém, preocupam-se na demonstração exterior dos vínculos com Jesus, prosseguem, não obstante, irritados, insatisfeitos e queixosos, em razão da ausência do Espírito do Cristo que deveria neles refletir em forma de amor e harmonia íntima.

51
PONTOS VULNERÁVEIS

Nas tuas fraquezas estão os pontos vulneráveis, que deves revestir de forças. Os pontos vulneráveis representam a resistência de toda maquinaria, a segurança de cada indivíduo.

Inevitavelmente, as tentações se te acercam, ferindo-te a vulnerabilidade no fulcro das tuas deficiências.

Se te agradam as sensações mais fortes, sempre as defrontarás, atraentes, envolvendo-te e atormentando-te.

Se te espicaçam o interesse – a ganância e a cobiça –, respirarás no clima dos onzenários.

Se te interessam a maledicência e a impiedade, sempre descobrirás imperfeições e deslizes alheios que aos outros passam despercebidos.

Se preferes a ociosidade e o comodismo, encontrarás justificativas para a preguiça e o repouso exagerado.

Se te afeiçoas à enfermidade, anotarás distúrbios e deficiências orgânicas, onde os outros defrontam recursos para exercitar o equilíbrio e a disciplina.

Cada Espírito é colocado onde lhe cumpre progredir, vinculado aos recursos de que necessita para superar-se e reparar os compromissos infelizes do passado.

A reencarnação traz o aprendiz de volta à experiência malograda, a fim de que se lhe fixem os valores positivos que deve investir na mudança do quadro de provações que lhe dizem respeito.

Tendências e aptidões, boas ou más, ressumam do pretérito espiritual a fim de serem aprimoradas, tornando-se valiosas conquistas que impulsionam ao progresso e à paz.

A tua segurança interior depende da tua inclinação e preferência, cabendo-te a tarefa de renovar as forças e vigiar as fraquezas que se transformam, com o tempo, em equilíbrio e vigor.

No que delinquiste, trazes a "marca" íntima.

Conforme te comprometeste, renasces, com a "matriz" de registro.

De acordo com o erro, volves aos sítios familiares onde deves repará-lo.

Assim também ocorre em relação às ações enobrecidas. Elas te induzem ao crescimento espiritual com superação das próprias forças, na grande arrancada do Espírito.

*

Não te permitas concessões desconsertantes nem prazeres que anestesiam a razão e perturbam o sentimento.

Enfrenta as fraquezas, conscientiza-te dos teus pontos vulneráveis e constatarás quão fácil te será vencer as tentações e superar as más inclinações que te atormentam.

52
ANTE O MUNDO E JESUS

O mundo pede socorro a Jesus.

Ele atende, porém, espera por nós.

O mundo representa a larga faixa dos necessitados de pão.

Jesus, entretanto, não se esquecendo destes, socorre também os que têm necessidade de luz.

O mundo roga paz, nos estertores da violência em que se debate.

Jesus transmite tranquilidade; todavia, emula todos a que nos auxiliemos na fraternidade.

O mundo suplica apoio a fim de liberar-se das constrições do ódio e da loucura.

Jesus, no entanto, é recurso libertador, que propõe a paciência fraternal e o trabalho solidário entre as criaturas.

O mundo promove desespero e algaravia.

Jesus doa silêncio e fé.

Compara as incertezas no mundo e a segurança com Jesus.

Considera os impositivos de fora, no mundo, e as forças interiores, que se haurem em Jesus.

Vive no mundo; no entanto, nunca te apartes de Jesus.

Tua vida física, mesmo que se alargue por dezenas de anos a fio, defronta um momento em que cessa; no entanto, a tua realidade espiritual com Jesus jamais terminará.

O mundo te leva a conquistas; mas, Jesus, quando conquista, faz que o homem vença-se por dentro.

As vitórias externas esmaecem e passam, as íntimas se fortalecem e ficam.

✻

Aprende com a luz. Após realizar o seu périplo no Universo, depois de contornar a nossa hiperesfera, volve à fonte geradora, seu ponto de partida.

Ninguém, mesmo que o deseje, jamais fugirá da sua nascente divina...

Aproveita, portanto, hoje.

No duelo mundo e Jesus, a tua será a opção da permanente angústia ou da promissora ventura.

✻

Diante da moeda que trazia a efígie de César, respondendo à colocação maliciosa e venal do adversário gratuito, Jesus definiu a situação do contributo que cada um deve dar: "a César, o que lhe pertence, e a Deus o que é d'Ele".

Dele é a vida, e Jesus é o caminho único, mediante o qual lograrás alcançá-lO.

53
A SERENIDADE DA FÉ

Confessa o teu compromisso espírita através dos atos, sem o alarde verbalista nem a impetuosidade presunçosa.

Sê compreensivo para com as convicções do teu próximo; sem, contudo, disfarçar a tua postura religiosa.

O Espiritismo concede-te a visão plena da vida, elucidando-te os difíceis mecanismos do processo da evolução.

Faz-te compreender que a dor de qualquer natureza é bênção, jamais castigo, por cujo buril aprimoras-te, encetando compromissos superiores que te levarão à paz.

Ajuda-te a permanecer nas ações edificantes; embora os resultados aparentemente demorados.

Acalma-te, em razão do melhor entendimento das causas dos problemas que se expressam como aflições variadas.

Em razão disso, não te podes escusar a responsabilidade ante os desafios da existência, vivendo a fé espírita.

Pessoas existem que, a pretexto de fraternidade, aderem aos mais diversos conceitos filosóficos, sem assumirem comportamento nenhum. Dizem-se neutras.

Criaturas há que, em nome da tolerância religiosa, adotam várias correntes de revelação através dos tempos, mas não se integram a movimento atuante nenhum. Afirmam-se universalistas.

Companheiros aparecem que, expressando cautela e recato, concordam com as inúmeras colocações espiritualistas, imaginando-se coerentes com as circunstâncias em que se encontram, nunca, porém, produzindo para o bem. Informam-se observadores ainda não definidos.

Toda postura de fé, certamente, é respeitável.

Tu, porém, já encontraste o roteiro e a bússola, sabendo onde está o porto e como preparar-te para o desembarque do veículo carnal...

Tolera, mas não sejas conivente.

Compreende; porém não concordes.

Estimula todos; no entanto, não saias do caminho que a Doutrina Espírita tem traçado para aqueles que a conhecem.

Quando caluniado pelos libertos e levado ao Sinédrio para responder às acusações que lhe faziam, Estevão manteve-se sereno e confiante de tal forma que "todos os que estavam sentados, fitando os olhos nele, viram o seu rosto como o rosto de um anjo", conforme os apontamentos dos Atos, capítulo seis, versículo quinze.

A fé, corretamente vivida, harmoniza a criatura, que não teme nem se precipita, irradiando a serenidade que se reflete no rosto dos anjos.

54
Balanço e Orçamento

Fim de exercício: momento de avaliação de resultados.
Ciclo que se encerra: etapa que se inicia.
Término de atividades: instante de prestação de contas.

Faze uma pausa nas atividades a que te vinculas e também um balanço, para que examines o quadro dos labores encetados.

Indispensável valorizar a dádiva da vida, observando os efeitos da aplicação dos recursos que passaram pelas tuas mãos, no momento em que se conclui um período da existência.

Considera o patrimônio de que dispões na atualidade e recomeça a planificação do futuro.

Orçamento à vista é promoção de tarefas a serem executadas.

Se não lograste transferir para o ministério porvindouro um haver que te permita mais amplas especulações e atitudes no mercado do bem, não te detenhas na lamentação inócua. Levanta os recursos mal-aplicados mediante empréstimo nos bancos divinos, aplicando-os com sabedoria em relação ao porvir.

Enquanto vige a vida no corpo, as oportunidades multiplicam-se, favoráveis.

Conveniente não sobrestimares as dádivas do haver que transferes para amanhã, como normal consequência da valiosa utilização dos bens que fruíste.

Multiplica os investimentos em partidas duplas e confia na especulação do movimento do amor, recebendo a correção monetária em luz, a benefício de mais rápida claridade espiritual nas responsabilidades assumidas.

A vida é contabilidade sábia, em que o Celeste Doador faculta o enriquecimento dos acionistas humanos nesta sociedade anônima da fraternidade universal.

Toda aplicação certa ou incorreta resulta em saldo devedor ou credor, que se incorporará à conta corrente da criatura em processo de ajustamento emocional.

É óbvio que nos referimos nessa análise aos valores expressivos e superiores do Espírito imortal.

Saúde e doença, alegria e tristeza, conquista e perda, ação positiva e prejudicial, são títulos e letras descontáveis nas *agências* morais do banco interior de cada alma, em representação da casa matriz do Reino dos Céus.

Tarefa concluída – prestação de serviços encerrada.

Labor logrado – demonstrativo à vista.

O balanço é inevitável em qualquer situação em que transites...

A contabilidade cristã, porém, é revolucionária, em face da contingência da finalidade em que se estrutura.

Disse Jesus:

"Àquele que mais der, mais se lhe dará."

"Ao que pouco dá, até o pouco de que dispõe ser-lhe-á retirado."

"Se alguém pede a capa, que se lhe dê também a manta."

"A quem solicita marchar mil passos, que se lhe faculte seguir por dois mil."

"São os verdadeiros ricos, conforme os livros da economia evangélica."

"Os humildes são os triunfadores e os que têm sede de justiça, estes se fartarão" – eis como completa o hábil ministro das finanças divinas.

Programa a tua tarefa orçamentária de amor e caridade, e sai a semear as estrelas da esperança qual miliardário do bem que, em renunciando a si mesmo e dando balanço dos seus bens, doa tudo quanto tem e, numa revisão final, compreende que o investimento maior e mais valioso é o da autodoação, oferecendo-se, portanto, para o enriquecimento do mundo carente de paz.

55
GOZO E FELICIDADE

O gozo é satisfação que irrompe imediata, genericamente, como resposta da sensação atendida.

O quê, no entanto, no momento constitui prazer, noutro se transforma em incontido desagrado.

O gozo logo passa, deixando marcas de cansaço ou expressões de novas ansiedades.

Estabelecido pelos cânones do capricho carnal, exterioriza a situação pessoal de cada criatura, que se faz caracterizar pelo tipo de emulação que lhe proporciona o estado de prazer.

O gozo não harmoniza o homem com a vida, antes o atormenta; ora porque não se torna um estado permanente, sendo desgastante, portanto; vezes outras pelas implicações frustradoras que dele decorrem.

O gozo pode ser considerado qual labareda voluptuosa que, ao atingir o máximo de voracidade, inicia também a diminuição da chama que logo se apagará por falta de combustível...

O gozo exige coisas, pessoas, circunstâncias, a fim de colimar o apogeu da sensação.

É claro que nos não referimos ao gozo decorrente das satisfações intelectuais e morais, às alegrias nascidas no dever cumprido, aos júbilos do sentimento puro.

A felicidade é o estado íntimo, em que a emoção libera os ideais de beleza e de harmonia, convidando a criatura ao crescimento, à libertação.

Apoiando-se, às vezes, em determinadas condições que facultam alcançar-lhe a meta, não depende, necessariamente, delas.

Mais de ordem metafísica, as suas expressões partem do íntimo do ser e dominam todas as fibras exteriores, favorecendo-o com plenitude e vida.

Alimenta-se dos ideais de enobrecimento e não se desarticula quando defronta dificuldades, porquanto, fundamentalmente solidária ao bem, faz o homem esquecer-se de si mesmo, a fim de que trabalhe em favor de todos com os quais comparte as suas manifestações.

Supera circunstâncias e eleva-se acima das penosas conjunturas, encontrando alento nos momentos ásperos por alimentar-se de aspirações superiores.

Pode ser comparada à linfa cristalina, que dessedenta e refresca, não produzindo outra satisfação que se não vincule à paz, à harmonia.

O gozo é fácil de lograr-se, enquanto a felicidade exige labor de largo porte.

O gozo exterioriza-se pelos implementos do corpo; no entanto, a felicidade procede e se demora na área do espírito.

O gozo limita as aspirações maiores da vida, todavia, a felicidade dilata as forças para uma visão da vida em face da eternidade.

O gozo asselvaja o homem e é, ainda, remanescente do primitivismo do qual procede o ser; entretanto, a felicidade promove a ascensão do homem, tornando-o dúctil às expressões da vida mais alta.

O gozo leva à ardência dos sentidos, enquanto a felicidade apazigua e emoldura de ternura o homem.

Um é rápido; a outra, duradoura.

Não é por outra razão que o Eclesiastes afirma: "A felicidade não é deste mundo", e Jesus, dando validade ao conceito, corroborou-o na assertiva de que o Seu "Reino não é deste mundo", porquanto, fruída na Terra, aqui pode e deve ser trabalhada, constituída para atingir o seu estágio superior fora do corpo, no Reino do Espírito, que é o Reino do Cristo.

56
AMOR-PRÓPRIO

Desenovela-te do amor-próprio quanto antes. Mau conselheiro, ele é a causa de incontáveis problemas que afligem as criaturas humanas.

Encarcera na vaidade e disfarça-se com desculpismos vis e acusações absurdas, gerando animosidade e desânimo.

Se observares uma contenda violenta, no amor-próprio ferido encontrarás a causa.

Na agressão malfadada, detectarás o amor-próprio vingativo.

Ante uma recusa à ação do bem, defrontarás o amor-próprio insensível.

Pela boca da maledicência, que perturba a ordem e estimula a calúnia, faz-se ouvir o amor-próprio leviano ou magoado.

Um crime, uma ação perniciosa, um conflito entre pessoas, a falsa humildade, o abandono de tarefas, a perseguição sistemática, são os efeitos inevitáveis do amor-próprio despeitado.

O amor-próprio somente realiza uma obra meritória quando colhe, de imediato, os louros, exigindo o reconhecimento geral e o comando da atividade com que se autopromove.

Após a realização, faz-se exigente, cobrando os juros altos do pequeno investimento.

Por qualquer motivo, afasta-se irritado, ou mesmo sem real motivo, atirando os petardos da ira mal contida e das recriminações insensatas.

Está sempre armado contra tudo e contra todos que o não aplaudem ou não aquiesçam aos seus caprichos.

É imperfeição da natureza humana, que a todos cumpre superar.

Resiste aos propósitos sãos, porque se oculta para reaparecer sob outra modalidade.

Vigia esse perverso companheiro das tuas horas e exercita o amor fraternal, dando a ti e doando-te quanto possas.

Desalgemando-te dele, experimentarás euforia e otimismo, paz interior e alegria na vida, porquanto verás corretamente o mundo, sem as lentes escuras que ele antepõe aos olhos da tua observação.

Atraído a ciladas, provocado pela mofa, criticado acremente, exposto ao ridículo, perseguido sistematicamente, Jesus prosseguiu tranquilo, porque o Seu era o amor aberto a todos, a todos oferecido como oportunidade dignificadora; demonstrando, desse modo, que os maiores adversários do homem estão nele próprio, cabendo-lhe, a esforço, torná-los amigos e colaboradores dos seus sentimentos.

57
PARA E AGE

Afirmas que o aguilhão da dor é uma constante na tua vida, amesquinhando as tuas forças, diminuindo as tuas alegrias.

Informas que o desencanto fez moradas nas paisagens mentais da tua existência, tornando-a triste, sem sentido.

Revelas que as decepções se somam a cada momento às anteriores, dando-te uma visão deprimente do comportamento social das criaturas humanas.

Esclareces que perdeste as motivações para continuar a jornada, e que, não raro, o desencanto cochicha ideias derrotistas, impelindo-te, de alguma forma, para a direção do autocídio.

Armazenas o lado negativo da experiência humana quase com volúpia, reunindo as observações infelizes e deixando-te engajar no veículo do desequilíbrio.

Para e reflexiona, porém, um pouco, descompromissando-te das aflições que carregas.

Observarás que ninguém transita na Terra sem o ônus que a vida cobra, naturalmente, a todos.

Uns padecem, crucificados, sem demonstrarem, transformando os cravos rudes em apoio e sustentação com que se seguram, para alçarem voos às paragens da esperança...

Outros caminham açodados por chagas ocultas, sob tecidos custosos, sorrindo, na certeza de que elas se transformarão, hoje ou mais tarde, em rosas abençoadas de que se ornarão um dia...

Diversos se sentem vitimados por insuspeitada soledade; embora cercados por amigos e bajuladores, sejam invejados, não sorvendo a água lustral do amor nem da fidelidade que dessedentam e nutrem.

Há dores morais sob disfarces numerosos, como chagas purulentas guardadas sob ataduras de alto preço, cujos portadores não se deixaram vencer, e demonstram, no esforço que empreendem, a alegria por superá-los.

Evita a autocompaixão e sai a lutar.

Luta é convite à renovação, quanto dor representa espinho que desperta o ser para a valorização dos recursos que todos possuem interiormente, nem sempre correspondendo ao significado que representam.

Quando afligido, medita nas causas profundas e remove-as a esforço.

Quando sitiado por todos os lados, por esta ou aquela injunção dolorosa, recorda que do Mundo espiritual generoso chegarão as respostas, o concurso...

Abre-te à renovação interior para melhor, realiza uma terapia otimista contigo próprio, e descobrirás os tesouros que jazem sem ser utilizados em ti, aguardando a aplicação enobrecida que os multiplicará em bênçãos para o teu próprio lucro.

Jesus, o Terapeuta por Excelência, em momento algum queixou-se, lamentou-se, deteve-se na observação deprimente.

Saudando a vida como dádiva de Deus, ensinou-nos que no amor, mediante a ação positiva, estão os recursos de felicidade que a todos libertam de qualquer mazela, de toda limitação e enfermidade.

58
HUMILDADE SEMPRE

Alegra-te por fazeres parte da grandeza indescritível do Universo.

Não te subestimes, a ponto de constituíres uma nota dissonante nesta sinfonia de incomparável musicalidade.

Busca sintonizar-te com a melodia que paira no ar, vibrante, afinando-te com a glória da vida.

Engrandece-te na ação das coisas de menor monta; apequena-te quando diante das expressivas realizações que promovem os pruridos da vaidade e desarticulam as peças da simplicidade.

No contexto das expressões do Universo, tu és importante, traduzindo a glória da Criação e evoluindo sem cessar.

A humildade exterioriza o valor e a conquista pessoais.

Ignorando-se, irradia-se e fomenta a paz em toda parte.

Jamais te deixes engolfar pela revolta, que traduz soberba e orgulho.

Quando alguém se permite penetrar de humildade, enriquece-se de força renovadora que se não exaure.

Contempla as estrelas, mas não te descuides dos pedregulhos sob os teus pés.

Sonha com os acumes esplendorosos das alturas; no entanto, não desconsideres as dificuldades-desafio da ascensão.

O Sol, que mantém a corte de astros que o cercam, desgasta-se, lentamente.

A tecnologia, de tão salutares benefícios para a Humanidade, também responde pela tremenda poluição que ameaça a vida e a Natureza.

O metal, que reluz, consome-se no burilamento a que se entrega.

Só a humildade brilha sem desgastar-se e eleva sem pôr em perigo.

Muitos falam, escrevem e traçam definições sobre a humildade de que se dizem possuidores, ou que propõem para vivê-la os outros.

Sê tu aquele que passa incompreendido, porém entendendo o próximo e as circunstâncias, sem tempo para justificativas ou colocações defensivas.

Segue a programação a que te vinculas com o bem, não descurando o burilamento íntimo, o sacrifício pessoal.

Se outros pensam em contrário à tua atividade, cala e prossegue.

Cada qual responde a si mesmo pelo que é e pelo que faz.

A humildade difere da humilhação. Uma é luz, outra é treva; a primeira eleva, a segunda rebaixa.

Investe-te da segurança de que, na Terra, ainda não há lugar ou pelo menos compreensão para a verdadeira humildade de que Jesus fez-se o protótipo por excelência, e, olhos n'Ele postos, ignora o mal e os sequazes dos maus, não revidando nem magoando ninguém, embora ferido, em sofrimento intenso, na certeza da vitória plena e final após a larga travessia pelo oceano das paixões humanas dilacerantes.

59
VEÍCULO DA VIDA

O fenômeno da morte biológica é inevitável, por constituir a etapa final do processo organizador da forma. Não obstante, quando se encerra este capítulo, abre-se nova e profunda perspectiva de vida.

Obedecendo a um contínuo mecanismo de evolução, mudam-se as circunstâncias; transferem-se, no tempo e no espaço, as atividades, sem que a vida se aniquile.

O túmulo, que recebe o corpo, concluindo uma fase – a da existência física – descerra outra – a de expressão espiritual.

Morrer, portanto, é apenas transladar-se de posição vibratória, sem sair-se da vida, que precede ao berço tanto quanto sucede à tumba.

Desconectam-se as moléculas que consubstanciam a matéria, enquanto se reorganiza a energia fora delas, razão do seu equilíbrio e ação.

A morte é, por consequência, o veículo para a plenitude da vida.

Necessário, porém, que se tenham em mente as funções da jornada física e as suas finalidades, a fim de que se colimem os objetivos, que serão defrontados quando aquelas se interrompam.

O Espírito renasce no corpo para adquirir experiências, aprimorar-se, crescer em amor e sabedoria.

Todas as suas ações geram reações equivalentes, que lhe passam a constituir liberdade ou presídio, alegria ou desconforto, *céu* ou *inferno*.

Ninguém que logre a felicidade, sem que a conduza na mente e através dos atos, material este que elabora o "Reino de Deus", que "não tem aparências exteriores", conforme elucidou Jesus.

Prepara-te todos os dias para o momento da tua desencarnação.

Vive cada um deles com o júbilo do primeiro momento e a sabedoria da última oportunidade.

Se forem longos os anos da tua reencarnação, faze deles um ministério de amor, que rutilará na imortalidade como astro luminífero abençoando a tua vida.

Considera o *morrer* com tranquilidade, sem qualquer receio injustificável ou qualquer desejo desarrazoado.

A vida física são bênçãos que deves aproveitar com sabedoria e júbilo.

Mesmo que se te apresente dolorosa ou assoalhada de aflições, agradece a oportunidade reparadora.

Se te parece dadivosa e gentil, faculta a outros fruí-la contigo, repartindo as concessões que desfrutas momentaneamente.

Quando menos esperes, ela se encerrará, chamando-te a ajustamentos impostergáveis.

*

Diante dos teus afetos que atravessaram o silencioso rio da morte na direção da vida, não te exasperes, derramando ácido na alma dilacerada, nem os atingindo com os petardos mentais da rebeldia ou da desesperação.

Embora invisíveis para a tua percepção, eles estão contigo pela presença ditosa ou infeliz, mediante ligações pelo pensamento.

Recorda-os com resignação, ora por eles, faze o bem em sua memória.

Haja o que houver, não te aflijas em demasia, quando lhes sentindo a falta.

Inesperadamente, também, serás colhido pelo veículo que te levará ao encontro deles, no rumo da Vida indestrutível, tornando-se necessário que viajes em paz de consciência e com esperança de felicidade.

60
TRIUNFADOR PERENE

Os triunfadores que assinalaram os fastos da História com as suas conquistas e grandezas sustentavam a coroa e o cetro sobre as multidões esfaimadas e vidas ceifadas nos campos de batalhas...

Os vencidos se lhes submetiam e, sob a canga da cruel escravidão, eram vivos-mortos, em dilacerações físicas e morais inqualificáveis.

Logo depois, porém, passavam o seu período, a sua glória e o poder, devorados, por sua vez, pela fauce inexorável da morte que os nivelava às vítimas, quedando relegados ao opróbrio e ao desprezo da posteridade...

Estabeleciam o regime de força que, muitas vezes, derrubava-os em revoluções de odientas disputas, nas quais outros mais violentos os substituíam, punindo-os com impiedade e fomentando o pavor.

Ainda hoje, infelizmente, assim ocorre no mundo, não poucas vezes, quando se perseguem os triunfos e as conquistas exteriores.

Jesus, porém, é um triunfador especial.

Em momento algum se utilizou da força ou da violência para implantar o Seu Reino no *país* das almas.

Inaugurou a Era da renúncia aos bens terrenos e submeteu-se com humildade ao jugo arbitrário dos dominadores transitórios, que não se conseguiam isentar da condição humana, na qual sucumbiam de imediato.

A Sua voz conclamou ao amor e a Sua lição de bondade ainda hoje sensibiliza o pensamento universal.

Os triunfadores mundanos, porém, apagam-se na memória dos tempos, enquanto Ele se agiganta no suceder dos séculos.

Discute-se, ainda, quanto ao dia exato do Seu nascimento entre os homens, mas não se Lhe pode negar a suprema mensagem da libertação de consciências nas criaturas que se identificam com Ele.

Reservada uma data pelo pensamento da História para recordar-Lhe o natalício, Ele é, no entanto, presença constante todos os dias, no imo dos que O buscam e confiam na Sua misericórdia.

A verdade é que a simples lembrança de Jesus dulcifica os sentimentos e harmoniza o turbilhão mental.

No intérmino suceder dos tempos, mais do que nunca necessitamos d'Ele nestes tumultuados dias da Humanidade.

Medita, por um momento, na mensagem sublime de que Ele fez-se veículo em nome de Deus, e deixa-O nascer nas paisagens do teu mundo interior.

Trazendo-O n'alma, não te detenhas indiferente à convulsão que assola e agita as criaturas.

Oferece a tua quota de amor, doando-te com alegria para o serviço da plena fraternidade.

Neste Natal, dá-te ao Bem, brindando o Divino Amigo com a tua colaboração, a fim de que, por todos os dias, Ele esteja nascendo e renascendo, em ti e através de ti, junto aos teus irmãos de luta, triunfador perene que Ele é, invencível e insuperável.

Anotações

Anotações

Este livro foi impresso na
LIS GRÁFICA E EDITORA LTDA.
Rua Felício Antônio Alves, 370 – Bonsucesso
CEP 07175-450 – Guarulhos – SP
Fone: (11) 3382-0777 – Fax: (11) 3382-0778
lisgrafica@lisgrafica.com.br – www.lisgrafica.com.br